瀧野 隆浩
長江 曜子〈監修・協力〉

これからの「葬儀」の話をしよう

毎日新聞出版

まえがき

この本を、平成という時代があと十カ月足らずで終わる夏に書いている。

一九八九年一月から始まるこの平成時代は、おおむね世界の激変期に重なる。まず戦後長く続いた冷戦という国際政治のひとつの形態が終了し、宗教紛争、民族紛争が激化したのは想定内だったとしても、ポピュリズムという熱病が世界のあちらこちらで発生して、民主主義や人権などという普遍の原理もぐらぐら揺らいでいる時代である。日本はどうなっているか、といえば、その国際システムの激変にうまく対応できていないからだろう、景気が悪くなり、少子高齢・人口減の社会へ向かって進んでいる。まるでずるずる下り坂をすべり落ちているようである。

そんな平成期に、だからこそ、と言ってもいいのだが、日本人の葬送というものは大きく変わった。それはそれはびっくりするくらい変わっているけれど、誰も声を上げない。いや、そもそもの土台というか、墓とか葬儀に関する考え方が、まったく違うものになりつつあり、だから専門家は警告を発しているのだが、ほとんど誰も聞いていないかのようである。

だって、おカネないし忙しいから、葬儀に興味が持てなくても仕方ないじゃん、とかいうことで済ませようとしている。確かに、私もおカネに余裕はないし、いつも時間に追われている。親子関係はしょうがないにしても、親戚づきあいはなるべく避けたいと思っているので、自分自身の中にも社会の雰囲気を感じる。そんな中でも、日本の葬送は急激に、大きく変容しているのだ。

私は記者として、事件とか事故とか家族問題とかを三〇年ちょっとのあいだ取材してきた。あと（防衛大を卒業しているから、仕方なく）自衛隊に関しても少し記事を書いてきたが、葬送について集中的に取材したのは、ここ五～六年ほどである。だから、専門家ではない。むしろシロウトに近い。

事件でも災害でも、あとは自衛隊の活動に関しても、「あのとき、別の決断があったら……」と思うことがよくある。こんな大事件にならずに済んだのに、とか、家族は崩壊を免れたかも、などと思うことは日常茶飯事だ。

決断の瞬間は、ドラマだ。私は人が下す決断というものに興味があって、それを取り上げてきたのだと（還暦に近づいた最近になって）思っている。

いま、この激変期の葬送において、たぶん、大きな声にはならないけれど、みんな個々人、苦渋の決断をしていると感じる。だって、これまであったモデルがないから。困って苦しんだあまり、いろいろ「やらかして」しまっている。ただ何も考えずに、流れに身を任せていたらアウト、あまり幸せにはなれないだろうと信じる。いや、ホントに。

本のタイトルは編集部が勝手に「これからの『葬儀』の話をしよう」なんてつけてきた。完全にサンデル先生のパクリであり、私など、知見もないし、経験もないし、質問されても、たぶんそりゃあそうですね、というしかないだろう。でも、ちょっとは勉強してみて、「人が人を弔う」という行為の意味とか、葬儀や墓にまつわる奥深い民俗学的知見についてては、こんなことだろうと先達の文献からも引用し、話すことはできる。五年でそのくらいにまではなった。

あとは、みなさんと一緒に考えたい。

私も「その時」になったらきっと困る。だから、ちょっとは幸せになるために、少し前もって考えてみたい。そんな葬儀や墓の話をしてみようではないか。

二〇一八年　七月末

毎日新聞社会部編集委員　滝野　隆浩

これからの「葬儀」の話をしよう　もくじ

第Ⅶ章　これからの葬儀　199

装丁：黒岩二三［fomalhaut］
DTP：明昌堂
校閲：小栗一夫

第Ⅰ章

特殊清掃の現場から

葬儀の話をしよう、と言っておきながら、その本の第Ⅰ章で、ひとり暮らしの人が亡くなったあとの、自宅の処置についてまず触れたいと思っている。特殊清掃の現場ルポである。

突然死すれば、いわゆる刑事事件ではないので、人々の話題にも上らない。だが、その現場は凄惨だ。そして、これが、いま単身世帯が急増する日本社会の、紛れもない断面である。葬送の変化を背景にある家族の変容というものを、特殊清掃の現場からまず、見ていただきたいのである。

「孤独死」と「ひとり死」

スマホに表示させた地図を横にしたり縦にしたりしながら、ようやくその住所を探し当てた。数日前に遺品整理業「アイシン」(千葉市若葉区)専務の笠原勝成さん(四九)から連絡があった。「特殊清掃」の依頼が入ったから、現場を見せてくれるという。千葉県習志野市の現場で、午前一一時に落ち合うことになった。ゴールデンウイークのまっただ中。付近の人たちはみな出かけているのだろうか、道を聞こうにも誰にもすれ違わなかった。

風はやや強かったけれど、五月晴れの長閑な空だった。小学校が近くにあり、新興住宅地のすぐそばのこのアパートで三週間前、高齢男性が亡くなっていたことなど誰も知らないだろうなと、ふと思う。知らないというか、関心がないのだろう。

そのアパートの前に立つと、私の到着をどこかで見ていたかのようなタイミングでエンジン音が近づいてきて、笠原さんを乗せたトラックが到着する。「おはよーございまーす」。男女スタッフ二人と一緒に、笠原さんは降りてくる。三人はすぐ、目の前の自販機で缶コーヒーを買った。私も一ついただく。太陽が照りつけていて、これから気温が上がりそうだ。みんなで黙って缶コーヒーを飲み始めた。やるべき作業をささっと始めるというより、作業開始前に、気持ちを静める儀式のようでもあった。

人が亡くなった家や部屋を消臭し、きれいに清掃するのが特殊清掃である。最近はひとり暮らしが多いためか、会社に来る依頼も増えているという。

私は毎日新聞紙上で、「死」に向き合う人たちについての「いのちのほとりで」という連載を書いている。終末期医療とかホスピスの現場も取材する一方で、人の死の後の、葬送の現場もよく歩いた。さらに単身世帯が多くなる中で急増する「孤独死」の現場をどうしてもみたかった。

いや、広辞苑にも近年収録されたこの言葉は、実は使わないと決めていたのだった。「孤独」という言葉がついてしまうと、どうしても一定の価値観が入り込んでしまう。「かわいそうだ」とか「さびしそう」だとか。だけど、ひとりで生きることは、それ自体が寂しく空しいわけではない。

「私は『ひとり死』と呼ぶことにしています」。第一生命経済研究所主席研究員の小谷みどりさんがそう書いたのに共感して、私もそう呼ぶことにした。年間推定三万人以上の人がひと知れず亡くなっているという。いちいち新聞に載ることはないけれど、その実相を見てみたかった。三年前からこの仕事をしている笠原さんに、「じゃまはしないから、見せてほしい」とお願いし、この日の現場見学が実現した。

社会がそれなりに豊かになり、いつも開いているコンビニも増えたから単身でも生きてはいける。ひとりで暮らし、ひとりで死ぬことは、いまの時代、珍しいことではない。みんなそうしている。

即席の祭壇

ただ、唐突に死が訪れて、その発見が遅れると、悲惨な状況になる。暑い夏場と冬季ではもちろん違うが、胃や腸からすぐに腐敗は始まり、異臭がし始め、数日もたたずに人の体は溶けだしていく。特殊清掃の業界の人たちと話していたると、身の毛もよだつ凄惨な現場の事例はたくさん聞ける。あるアパートの現場では、布団の上で亡くなった人が数カ月発見されずにいたところ、どろどろの体液は、布団を濡らし、フローリングの床に染み、床板を進み、階下の天井から垂れていたという。もうそうなれば、消臭剤は効かない。完全にリフォームしなければならないケースだという。餓死をしたペットと一緒に見つかるケースもある。

これから入る現場はどうなのだろう——。私の不安を見透かしたかのように、笠原さんが「きょうの現場は、数日前から何回も、消臭剤を撒いてますから大丈夫ですよ」と声をかけてきた。そして、マスクが渡される。大丈夫だけど、一応ね、と。さあ、やろか、と声をかける。スタッフ二人も立ち上がり、スイッチが入ったように軍手をし、段ボールとかビニール袋とかガムテープとかを運び始めた。現場は二階のようである。

ドアを開けていちばん先に部屋の中に入ると、笠原さんはポケットから線香を取り出す。事前の説明は何もなかった。何が始まるのか。目の前の背の低いカラーボックスの上に、さっき買ったまま自分は飲まなかったミネラルウォーターのペットボトルと、その右に湯飲み茶わんを置いて火をつけた線香を立てた。即席の「祭壇」というところだろう。それから首に輪袈裟《わげさ》をかけて蹲踞《そんきょ》の姿勢で般若心経を唱え始める。少々早口に、低く、太く。

笠原さんとはその一年ほど前に初めて会って、じっくり話を聞いた。引っ越し会社に勤めていて、アパート、マンション、戸建て住宅でひとり暮らしの人が亡くなるのはぽつぽつ見ていた。これは商売になると、遺品整理と特殊清掃をやる専門の会社を設立したのが三年前である。

最初は遺体のあった部屋に入ると、異臭、死臭で気分が悪くなり食事ができなくなったが、数をこなしているうちに感じなくなった。「でもやっぱり、人生観は変わりました」。

二〇一七年、誘われて比叡山で修行体験をし、光永覚道《みつながかくどう》大阿闍梨《あじゃり》とも会うことができた。そんな体験を通して、笠原さんは特殊清掃の現場に入る前、必ず、般若心経を唱えることにしているのだという。

儀式というものには、不思議な力がある。宗教オンチの私でもそう感じる。ペットボトルの水と線香でなんとなく「祭壇」ができあがり、それからお経が唱えられると、澱んでいた部屋の雰囲気が、少し変わる感じがした。

生活の名残

一分足らずでお経は終わった。笠原さんは線香の煙の幕を突き切り、向こう側のアルミサッシの窓を開けた。風がさーっと入ってきて、さあ、作業開始である。

玄関を入って左が台所、右にバスルーム。六畳の部屋いっぱいにゴミが散らばっている。ゴミ屋敷だなあ、とまず感じる。いや、六畳間のすぐ手前、ここだけはゴミがない。布団一枚分ほどのスペースがあるだけ。あっ、と気づく。その布団で亡くなっていたのだ。よく見ると、板張りの床にこげ茶色のシミがついている。毛筆でウナギを一筆書きにしたような跡、その周りにてんてんてんとシミがある。すぐ向こう側に大きなビニール袋があって、布団一式が詰め込んであった。ここか。ここで「彼」は亡くなったのか。

部屋の中に一歩踏み出すと、嫌でも目に飛び込んでくるのは、夥《おびただ》しい数の調味料の容器である。窓に向かって右側、低いガラステーブルと横にした二段のカラーボックスの上に、それ以上置き切れないほどの醤油、ソース、ポン酢、タバスコ、からし、わさび、しょうが、おろしわさび、コショウ、カレーパウダー、パルメザンチーズ、ふりかけ、シーザーサラダドレッシング、塩が。左には冷蔵庫があって、おそるおそる開けてみたら、意外にもまだ電気は来ていた。うどんとか納豆とかの後ろに、そこにもケチャップや香辛料が。そばにあった役所の通知書から「昭和二三年生まれ」だったことを知る。

　団塊世代として戦後を生きた「彼」はどんな食生活をしていたのだろう。炊飯器はあるから、ご飯は炊いて食べていたか。あるいはカップ麺、冷蔵庫の麺類を自分で茹《ゆ》でたこともあったろう。そこにその日の気分で、調味料、香辛料がふりかけられたか。味は濃いのが好きだったのか。

　冷蔵庫の先には、小型のテレビとＤＶＤデッキがあって、ソフトもいくつかある。タイトルをみると、ハリウッドのアクション系映画が好きだったようだ。本もある。宮部みゆき、髙村薫、福井晴敏……こちらはミステリー系が好みのようだった。

　特殊清掃、遺品整理をしていると、そこに残されたものから、その部屋の主がどんな生活をしていたか、だいたいわかってくるという。健康手帳が見つかる。薬局の処方箋があ

り飲み残した薬がそのまま置いてある。睡眠導入剤だったりする。杖がある。靴の種類。それから食べ物、食べ残したもの。笠原さんと行った別の特殊清掃の現場には、食べ物はインタスントラーメンしかなかった。冷蔵庫も空っぽ。その人は、台所でラーメンをつくっている途中で倒れて亡くなったという。

ゴミと遺品

業者によって異なるのだろうが、笠原さんは部屋の中のものを次の三つに仕分ける。

① 不要なゴミ
② リサイクルできる有価物
③ 遺族に返したほうがいいと思われる遺品

この日も、部屋には大きなビニールの袋が持ち込まれ、リサイクルできないものはどんどんその中に放り込まれる。一方、手紙とか写真とか手帳などの処分に関して遺族に一度聞いたほうがいいものは、カゴにどんどん入れられて行った。

　有価物、再利用できるものは、すべて専門業者に持ち込まれたり、そのあとオークションにかけたりする。自転車、冷蔵庫、テレビ、ファクス、家具、文具、肌着も。洗濯機は「二槽式」のほうが高く売れるらしい。「工事現場とかで人気だそうです。全自動式は壊れやすいけれど、二槽式はなかなか丈夫で人気だと聞いています」。

　リサイクル品はタイやマレーシア、ベトナム、フィリピンなどの東南アジアの国々に送られ、そこでまたオークションにかけられる。それからなんと、仏壇が人気だという。日本では住宅事情やライフスタイルの変化から売れ行きは落ちていると聞くが、アジアの仏教国では日本の工芸品として引手あまただという。いちおうお坊さんに「魂抜き」の供養をしてもらってから送り出すが、そんな良心的な業者ばかりではないと私は想像する。

　紙類や本は、単価は安いものの、たくさんあるとそれなりの金額になるという。笠原さんが扱った某国立大学の理数系の先生のケース。自宅の膨大な本の中で亡くなっているのが二週間後に見つかった。若い人のケースと違って、匂いはまったくなかったし、体液のシミもなかったという。ただ問題は本の数。この現場では、整理するのに一〇〇箱の段ボールが必要だった。本に囲まれて人生を終わる。なかなかあっぱれだと、私などは感じてしまう。うらやましい。

遺族へ返すものの筆頭は、お金である。まとまった現金が出てくることもままあるらしい。遺族はもちろん、部屋をくまなく探す。だけど、匂いも相当強いし、なるべくその場にいたくないという感情もある。そのあと業者が入るのだが、笠原さんら業者は仕事なので、タンスの中も、机の引き出しも、台所の食器棚も一つひとつていねいに点検していく。その中でひょっこり現金が出てくる。台所の戸棚の上がいちばん見逃されやすいポイントだと聞いたことがある。

悪質な業者だと、そのまま懐に入れることもあるという。遺族はあきらめているし、誰も見ていないからばれにくい。でも、良心のある業者はそういうことはできない。

「お金を見つけたとき心が揺れませんか?」と、笠原さんに聞いた。照れくさそうに笑い、こんな答えが返ってきた。「一瞬、迷います。でも、ぜったい誠実にお返しします。そうすると、気持ちが伝わって、別のお客さんを紹介してくれたりしますから。それも営業の一環ですよ」

断ち切れない思い

ひとり暮らしであっても、まったく親族がいないかといえば、そうではない。兄弟が、あるいは高齢者だと息子や娘がいる場合もけっこうある。ただ、その人の長い人の生活史の中で、関係が壊れたり途切れたりしているのだ。ひとりで亡くなったとき、その現場には、写真があったり、手紙があったりする。ある福祉関係の職員から聞いた話だと、高齢男性の遺体のそばには、娘の子供のころの写真があることが多いらしい。断ち切ったつもりでも、断ち切れないのか。とくに男性は娘との縁を断ち切れないようだ。

あるいは、生前打ち込んだ趣味のものも遺体のあった部屋に残っている。たとえば茶道具とか絵を描く人の絵筆とか。部屋に残されたものの大半は、たぶんゴミなのであろう。だけど、中には、故人の記憶がよみがえるようなものもある。笠原さんは現場の作業完了のときに遺族にできるだけ立ち会ってもらい、そうしたものをさりげなく、見せるという。段ボール箱に入れて玄関先にそっと置いておく。あっさり捨ててほしい、といわれる場合もあれば、「あぁ、お父さんのだ！」などと、そこで泣かれる場合もあるらしい。

「あの匂い」

習志野市のアパートの現場では、スタッフたちはマスクを二重にし、軍手をして黙々と作業を続けている。体液が大量に床に染みていた場合は、カッパを着てゴム手袋をはめる重装備となる。感染症の恐れもあり、ゴーグルをすれば、夏季には汗で視界が狭くなるらしい。

私はもう一度、布団一式を入れたビニール袋の横の、赤黒い体液のシミを見た。あれっ、コバエがいる、と気づいた。そしてなに気なく顔を近づけた、その瞬間、ツーンときた。あ、これが死の匂いなのか、と思う。笠原さんが初めて嗅いだとき飯が食べられなくなったという匂い。それを「唾液の匂いをキツくしたよう、それを一〇〇倍くらい濃くしたような刺激臭」と表現した。あれを嗅いで「人生観が変わった」といった。理屈ではない。生命体としての私の本能が、逃げろ、ヤバいぞ、気をつけろと警告する匂い……。あれから数カ月たった、いまこのときも、私はあの匂いが鼻孔の奥に残っているのを感じる。

匂いはなかなか忘れられない。目で見たものよりも、耳で聞いたものよりも。匂いは記

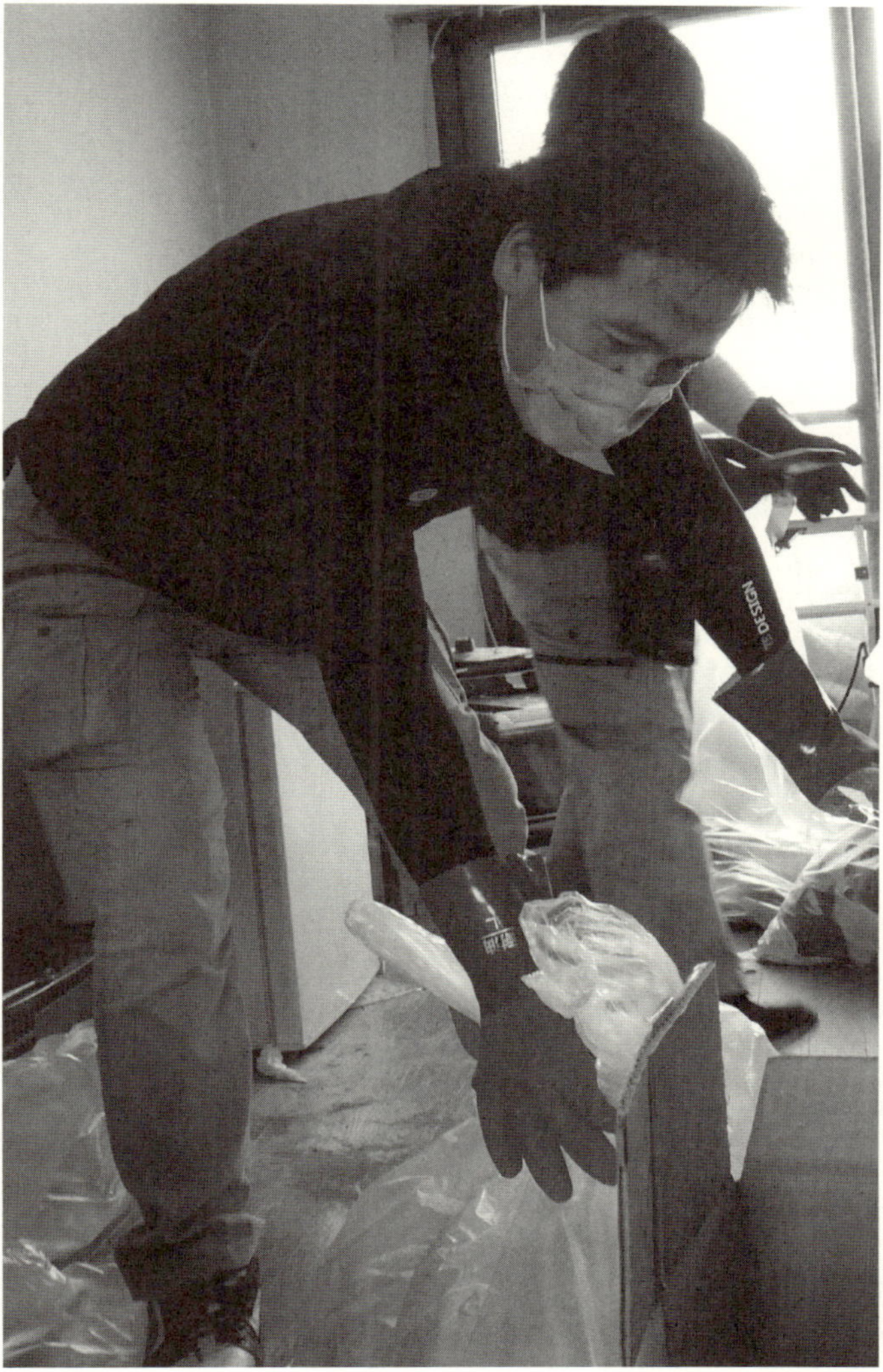
DESIGN

憶という人間のシステムに直接届けられているような気がする。

笠原さんが「あの匂い」についてさらに語った話を、私は再び思い出す。それは高齢者ではなくて、三〇代のひとり暮らしの女性が病死した現場だった。

葬儀社から紹介されたケースだった。亡くなった女性はそのアパートにもとは友人三人と住んでいたのだけど、あとの二人は結婚とか就職をして出ていき、ひとり暮らしになった。独身で、病気がち。でも、同じ県内に住んでいて親とも交流はあった。二カ月に一度は親子で食事をしていたという。だが、その後連絡が取れなくなり、心配していたところ、亡くなっていたのが発見された。警察の話だと、死後一週間以上たっていた。夏だったから、腐敗が早かった。体液が床下まで染みていた。若い人の現場は高齢者のより凄惨だと、聞いたことがある。

葬儀社からの依頼で特殊清掃をすることになり、彼女の両親は現場でやる見積もりに立ち会った。「お任せ」の場合が多いのだけど、その両親は立ち会ってくれた。ものすごい匂いがしたが、最愛の娘を失くした両親はマスクなどしていなかった。だから、笠原さんもしなかった。いつもなら、二重三重に重ねるのに。母親がそれに気づいて、マスク、してください、と言った。はい、と返事したけれど、しないままにした。ふと視線を落とすと、父親の靴下に穴が開いているのが見えた。定年退職したと聞いていたが、靴下を買えないほど、生活にゆとりがないとは思えない。だけど、穴の開いた靴下を履いていた。なりふりかまっていられなかったのか。まさか、三〇代の娘が、自分たちより先に逝くなんて。ウソだろう！　と家から飛び出してきたのか。そして、この異臭のする現場に立ったのである。

かわいそうに、とかじゃない。もっと別の思いで、笠原さんは、胸が張り裂けそうになった。見積もりを済ませて、両親は家に帰るというので、車で駅まで送った。口数は、みんな少ない。父親と、娘という存在の話になった。

「笠原さんも、娘、いるんだ」

「はい。一人娘です」

「そう……。つらいよ、死ぬと………」

途切れとぎれに、そんな会話が続く。母親は「私、泣けないの。娘が死んだというのに、一滴も涙が出ないの」と無表情でつぶやいた。駅にほどなく着いた。最後はこんな言葉だったと記憶する。

「でも、娘は死にたくて死んだんじゃないから。臭いだろうけど、お願いしますね」

死臭漂う部屋の作業は、もちろんたいへんだった。体が溶けた、と表現したほうがいいような現場だった。整理した段ボールはさほど多くはなかった。遺品といっていいものをきれいに詰めて、八箱、両親の家に送った。

母親から電話があったのは、一ヵ月以上してからだった。たぶん、四十九日が終わったあとだったろう。箱を開けたとき、あの部屋の、あの匂いがした、という。

「遺品の箱なんか開ける気がしなかったんですけど、区切りがついて開けてみました。そして、やっと涙が出ました。本当にありがとうございました」

このときのやりとりがあって、現場に臨む気持ちが変わった、と笠原さんはいう。そして、比叡山延暦寺に修行体験をして、作業の前に、お経を唱えることを始めた。

「この仕事って、人生の節目に立ち会う仕事だと思うんですよ」

私は習志野の現場に小一時間ほどいて帰った。帰り道、都心に向かう電車の中で東京湾を眺めながら、私は鼻の奥のかすかな「あの匂い」を感じていた。食欲はあまりなかった。

笠原さんたちスタッフは、そのあと三、四時間ほどかけてあの１ＤＫの部屋をきれいにしたことだろう。そのあと、現場に立ち会ってもらえなかった「彼」の息子に会いに行くという。入居の際の連帯責任者だから、費用の清算について交渉しなければならない。どんな話になるのだろう。遺族と会うのは、現場にいるより、つらい仕事だという。

ファミレス社会

遺品整理・特殊清掃業界の人たちと話していると、社会の基本単位である「家族」というものがいかに変容しているかがわかる。端的に言えば、「ひとり暮らし」の激増である。夫婦でも親子でも兄弟でもいい。いや、気の合う友人とでもいい。誰かと一緒に暮らしていれば、人はひとりではなかなか死ねない。たとえ突然死したとしても、数カ月後に腐乱して見つかるということにはならない。

少子高齢社会になった、とはよく言われている。厚生労働省が発表した二〇一七年の人口動態統計によると、出生数は九四万六〇六〇人（前年比三万九一八人減）、終戦直後のほぼ三分の一。統計開始（一八九九年）以降で最少となった。一方、死亡数は前年より三万二六八五人増えて一三四万四三三人で戦後最多だった。生まれてくる赤ちゃんの数がこれまででいちばん少なくて、高齢者がいちばん増えているのだから、日本はまさに「人口減少社会」である。二〇六〇年というからあと四〇年ちょっとで、日本の総人口はいまより三七三四万人減って八九二二万人になると推計されている。しかも、高齢者が増えるから「少子超高齢多死社会」といっていい。

ただ、私はそれよりもっと社会に深刻な影響を与えるのは、「単身世帯の急増」だと考えている。人生の最終盤、人は誰かほかの人の支えがないと生きていけない。そこで終末期を支える医療・介護体制の整備がいわれているのだが、忘れられがちなのは、「死んだあと」のことである。死んだら自分で葬儀・火葬を経て墓に入れないから。

いや、自分は墓など要らないと言い張る人はいるかもしれない。だけれど、自分の死期を感知して人里離れた山奥に行って野垂れ死んだり、歩いて火葬場の前に行ける人はそういない。ふつうじわじわゆっくり衰えてゆき、ひとり暮らしだと誰かほかの人の支えが要る。

夫婦二人、三世代同居など、世帯の形態はさまざまだが、夫婦と子供二人が「標準」とされた時代は遠い昔の話である。二〇一〇年、ひとり暮らし（単身）世帯が家族の分類の中でいちばん多くなった。その後も増加傾向は続き、国立社会保障・人口問題研究所の「日本の世帯数の将来推計」（二〇一八年一月公表）によると、二〇一五年に三四・五％だった単身世帯の割合は、二五年後の二〇四〇年には三九・三％になるという。しかも、高齢層でこの傾向は顕著で、二〇一五年から四〇年の間に次のように急増すると推計されるという。

【六五歳以上の世帯のうち単身世帯】

二〇一五年　三二・六％　↓　二〇四〇年　四〇・〇％

【七五歳以上の世帯のうちの単身世帯】

二〇一五年　三七・九％　↓　二〇四〇年　四二・一％

七五歳の人のいる家の四割が単身だと改めて聞かされると、なんだか胸騒ぎがする。しかも、世帯類型で二番目に多いのは「夫婦二人」世帯。こちらは高齢世帯だと「単身予備軍」といってもいいのである。

さらにいえば、同じ推計によると、女性の高齢者は単身率はあまり変わらないが、男性のひとり暮らしの割合は上昇するとされる。おばあちゃんなら、何となくひとり暮らしでもやっていけそうだが、それまでの人生を「会社人間」として、働きづめに働いてきたおじいさんたちは、「生活」の方法を知らない。

同研究所の「生活と支え合いに関する調査」(二〇一三年)によれば、ひとり暮らしの男性高齢者の会話頻度は「二週間に(電話を含めて)一回以下」という人の割合が一六・七%というから、八人に一人が二週間ほとんど会話しないのだ。他方、女性高齢者は三・九%だから、その差は際立っている。

ひとり暮らしがこれほど増えた理由は、よく考えればすぐわかる。「親と一緒に子が住まなくなった」がまず挙げられるだろう。それから離婚増。いまや統計上は三組に一組が離婚している。さらに、最近の傾向として、二〇年以上連れ添った末に分れる「熟年離婚」も増えている。そして、そもそも結婚しないケースの急増である。生涯未婚率という統計の数字があるが、これは「当該年の五〇歳の人で、一度も結婚していない人の割合」だということを、私は最近知った。国の統計上、五〇歳を超えると、もう結婚しないとみなされるのだ。

二〇一五年の生涯未婚率はこうである。

男性　二三・三七%

女性　一四・〇六％

男性の四人に一人は未婚という数字だが、これはそのままひとり暮らしとは限らない。親と同居の場合だってあるだろう。

もう二〇年以上前、私は八〇代の認知症の母と独身の六〇歳の男性の暮らしを取材したことがある。兄は結婚して家を出た。宅配便を配るのが仕事の弟は、昼間は徘徊する母をみる。そして、かき入れ時の夜間は、母を軽トラックの助手席に乗せて荷物を配る。そんな生活を三六五日続けていた。記事には「認知症の母と夜のドライブ」と見出しがつけられたけれど、書いた記者としては少し寂しかった。兄は認知症の母の世話から逃げたといっていい。人の好い、その独身の弟がなりゆきでみることになった。それを「夜のドライブ」と呼んでいいのかどうか。

親をみるためになりゆきで結婚しない子は意外にたくさんいる。だけど、親が亡くなれば、高齢になった子はひとり暮らしだ。さらにいえば、人と接触するのが苦手なひきこもりの人たちもいる。中には親の年金を頼りに生活しているケースも多いという。

「いまの社会はファミレス社会です」

東京家政大学名誉教授で評論家の樋口恵子さんの名言である。いまの社会は、ふつうのファミリー（家族）がレス（少ない＝ない）時代なのであろう。祖父母がいて子の夫婦と孫がいて——いまだに、そういう三世代同居の家族像しかみえていないような政治家は多いが、それはもう夢物語といっていい。むしろ、ひとり暮らしを前提に考えたほうがいいのかもしれない。そんな時代なのである。

第Ⅱ章

無縁社会とお墓

ＩＴ葬と宇宙葬

毎年、東京・有明の国際展示場で開催される「エンディング産業展」をぶらつくと、私は必ずのどの渇きを覚える。葬儀・埋葬・供養の専門展。要するに、お葬式とかお墓とか仏壇とか棺おけとか骨つぼなどの関連メーカーを中心とした新商品展示会で、葬送文化に関するシンポジウムが開催されるほか、「美坊主コンテスト」「供養女子コンテスト」といった客引きのためのイベントなども行われている。

とにかく明るいのだ。それは照明のせいだけでは、たぶんない。

色とりどりの骨つぼがあり、著名な華道家がプロデュースした棺おけが置かれ、金色や銀色に輝く手元供養のアクセサリーが並んでいる。そうした「現代風」な商品開発を目指す老舗企業に加え、先端技術・ＩＴ企業がなだれを打ったように参入しているのが目立つ。パソコン、スマホの操作方法を説明してくれる若いスタッフがいて、パンフレットを配るコンパニオンの笑顔があり、つるんとしたロボットも話しかけてきたり、ドローンが飛んで撮った映像が葬式のときに流されるといい、スマホを墓にかざせば、「在りし日の故人」

が浮かび上がってくるらしい。

墓も葬儀も、「記憶」にまつわる人の営みといえるので、位置情報と画像・動画が簡単に結び付けられるスマホとは親和性が高いのかもしれない。そういえば、以前、「ネットで墓参り」というアイディアを聞かされたことがある。単に海外に移住した子供が日本の親の墓参りをネットで済ませるとかいう単純なものではなく、時間の経過を組み込んだ情報自動伝達の機能もある構想らしい。

たとえば、二〇年後に愛人に産ませた子のところにメールが届き、「君の本当のお父さんは私である……」なんていうメールとパスワードが添付されて、秘密の奨学資金がその子の口座に振り込まれるとか。まさか、ね。星新一じゃあるまいし。でもまもなく、いま流行のAI、ビッグデータを取り込んだ葬送関係の商品も開発されるのだろう。葬送とIT技術はそんなふうに結びついていく予感がある。

人々の関心は高く、メディアの取材も年々増えていったように感じる。会場を歩き回るワイドショーのスタッフが毎回のように取り上げるのは「宇宙葬」だろう。数年前にみたときは、一グラムほどの遺灰を、ペットボトルのフタほどの大きさの金属カプセルに詰め、米国の民間ロケットに乗せてもらう。いちばん安いのが五〇万円で、探査機に乗せて「宇宙の果てまで飛び続けるプラン」の「ファーストクラスツイン」が八〇〇万円だった。

別の会社の「流れ星供養」は遺灰を人工衛星に乗せてもらって、手元のスマホで現在位置が確認できるのだという。〈あの流れ星がおじいちゃんだよ〉。パンフレットにそんなうたい文句が載っていた。マジですか。

明るい終活ブーム

新しいエンディング関連企業は、葬送の世界に明るさと華やかさを持ち込んでいるかのようだ。それはいいことだと思う。日本人は戦後ずっと、「死」というものにフタをしてきた。それは敗戦という経験をして、死に対する社会全体の忌避感情がまずあり、それに加えて戦後復興、高度成長へとつながる明るい社会の雰囲気に、「死」の暗いイメージは似つかわしくなかったのかもしれない。

当時の葬送の現場はじとじとと湿っていて、離れた暗いところにあった。死は一義的には生命の終わりであり、時間がたてば腐敗が進んでいく。動きは止まり、重く堆積していく。もっと昔にはケガレの意識も伴っていた。そのイメージをどこか引きずって、「豊かになりたい」と願っていた私たちは死を封印し、死を見ないようにしてきた。だけど、平成期に入り、もう経済成長はそんなに見込めないと知ったとたんに「終活ブーム」がやって来て、暗部だったところに光が当たり始めたのだ。

もちろん、エンディング産業展の盛会には「多死」の社会が訪れるという前提がある。九〇年代、国内では年間八〇万人だった死亡者数が、いまは一三〇万人で、あと二〇年もすれば一六〇万人となる。平成初期の倍近い数が亡くなり、それぞれが人生の最終ステージで「カネ」を使うようになるはずだ、と。そうしてさまざま、あれこれのサービスが考えられ、新商品となって、数兆円規模とされるいまの「終活ブーム」がある。

このエンディング産業展の会場は「未来」に向いているようにみえる。だから、きちんと整理され、無駄なものはカットされ、煩わしい事柄は省略され、照明はつとめて明るくしておかねばならないし、じとじととした湿気はあってはならないのだ。そして、私はこの会場でブースを見て回るうちに次々パンフレットを渡され、荷物を重くしながら、のどの渇きを覚えているのだった。

ふと、二年前のこの会場で聞いた、タレントの壇蜜さんの言葉を思い出した。大学卒業後、葬儀の専門学校で学んだのち、葬送関係の会社に勤めた経験があり、遺体修復（エンバーミング）の資格も持っている彼女はこういった。

「面倒くさいが大事……」

会場の隅のスペースで行われた、奈良の修験者との対談だった。あののんびりゆっくりとした湿り気のある声で言ったのは、おおむねこんな話だった。

……世の中みんな、お金の余裕がなくなりとても忙しくしている。それでテレビのワイドショーが取り上げるのは、「省く、時短、省く、時短……」の情報ばっかり。そう思う自分だって、ついつい洗濯機の「お急ぎコース」のボタンを押してしまっている。そんな社会全体の雰囲気が、葬送の現場にも持ち込まれているのかも。

「でも、いろんなことは面倒くさいもの。出会いも別れも面倒くさい。だから、長生きして『面倒くさい』をいっぱい体験して、結果、年を取って、面倒くさいが解決したらそれはそれでうれしい。そんなことを繰り返していけば、もう少し、弔いとか祈りの気持ちに時間をかける心が生まれてくるような気がしているんです」

同じセリフを政治家とか学者がシタリ顔で言ったとしたら、反発を覚えたかもしれない。ところが、短期間でも「死」の現場を知っている彼女が、忙しくて時間もカネも余裕のない空気が充満する社会にあって、「煩わしいこと」に向き合おうよ、と言った。それが、人類が何千年も続けてきた弔いとか祈りという人間の営みに通じるのではないですか、と小さな声でささやいたのであった。私はなんだか、ほっとした心持ちになった。

死のアウトソーシング

いま葬送業界で何が起きているのだろう。一九九〇年代、つまり平成期に入って激変したとされる葬儀や墓のありようは、具体的にどうなっているのか。葬儀も墓も、中高年には切実な問題でも、自分自身に差し迫ってくるのは、人生で一度とか二度とか、そんな頻度である。なかなかイメージしづらい反面、その時になってから考えても遅い。そこで、まず現状について各種データに基づいてみていきたい。

とりあえず、ネットでもすぐアクセスできる最新データを、日本最大級の葬儀ポータルサイトを運営する、鎌倉新書の「お葬式に関する全国調査」からみてみる。過去二回実施して、二〇一七年が三回目。葬儀・墓に関する費用、葬儀社選びの時期、探し方などを細かく聞いている。最初は葬式に規模についてである。

【会葬者の人数】

▽二〇一三年　＝　平均七八人
▽二〇一五年　＝　平均六〇人
▽二〇一七年　＝　平均六四人

二〇一七年の最新データ（この二年の間に葬儀にかかわった四〇歳以上の男女に対するネットを通じた調査。有効回答数一九九四人）によると、自分が行った葬儀にどのくらいの人が来ていたかがわかる。

調査では「二〇人未満」がいちばん多く、全体の二四％だった。「二〇人未満」から「二〇〇人以上」まで一一段階に分けて縦に並べた棒グラフでみると、上から下へ、少人数がいちばん多く人数が増えるごとに割合が減っていくのが一目瞭然である。社葬がまだ盛んだった一九八〇年代は三〇〇人近くあった会葬者が、いまは約六〇人というから、平成期に入ってあっと言う間に五分の一に減っているのには驚かされる。

葬儀の形態はというと、戦後ずっと葬式は自宅や寺で行われていた。ところが、八〇年代の後半ごろから、民間の葬儀場、セレモニーホールで行われるようになった。家でやるには遺族の負担が大きいことがその理由で、地域社会が葬儀を支えていたかつての姿が変わってしまった。一方、終戦直後の日本人は、ほとんどが家で亡くなったが、グラフにしてみると明らかなように、きれいな上昇線を描いていまでは病院死八割、在宅死一割の時代といわれる。在宅死と病院死のグラフが交差するのが一九七六年ごろとされる。「死」そのものより一〇年ほど遅れて、死にまつわる儀式が家から外に出て「外在化」することになる。アウトソーシングである。そうやって、私たちはまたまた死から遠ざかっていったのだといえる。

その外在化した葬儀場、セレモニーホールで行われた儀式も、平成期に激変の波にさらされ、規模縮小と形態そのものが変容している。前述の鎌倉新書の調査では従来型の「一般葬」、すなわち集めた香典によって互いに支え合う形の葬儀のほか、次の三つに分類している。

▽家族葬

直系の遺族とそのほか親しい仲間でとり行われる葬儀。数人から数十人規模まである。一般葬より小ぶりの、地域社会や会社などと関わらない葬儀の総称といえばいいか。

ちなみに、親から「家族だけでいいよ」と言われた息子が、直系の兄弟、孫だけで行ったために、死亡を知らなかった親の兄弟、つまり子供からすればおじやおばが猛抗議してトラブルになったという話を聞く。あらためて「いまの時代の家族って何？」と思う。家族イコール核家族となった現代の親族意識について考えさせられる事例である。

葬送ジャーナリストの碑文谷創さんは家族葬ではなくて「近親者葬」という呼び名を提唱している。確かに、規模は問題ではなく、誰が見送りたいのかが問題なのだろう。それなら家族という今ではあいまいな定義ではなく、親しい人みんなで、と決めて近親者葬という呼び名のほうがふさわしいのかもしれない。

▽一日葬

通常、葬儀は本来、遺族のみ行う通夜と、葬儀式・告別式にわけて、二日以上かけて行われてきた。葬儀式は死者との別れの儀式であるとともに、次の世に送るという宗教色が強く、告別式は公開された弔問の場であった。ところが、一九七〇年以降、遠くから来る親族や忙しい参列者意向をくみ、また火葬場の混雑状況もあって「葬儀・告別式」へと一体化した。さらに、通夜と葬儀・告別式もどちらか一方に出ればいい、喪主側も時短になっていいということで、告別式のみの「一日葬」という様式が出てきた。

▽直葬・火葬式

葬儀を行わないで火葬すること。そもそもこれを葬儀の形態のひとつとして数えることに議論の余地はある。もともと終戦直後、警察官たちの隠語で、行き倒れの人たちを検死もそうそうに焼いてしまうのを「直送」と呼んでいたのから転じた、という葬送関係者の話を聞いたことがある。火葬式、炉前葬などとも呼ばれる。二〇〇〇年ごろから首都圏で出現し始めたといい、いまでは全国的に広がっている。

この直葬は、まさに現代的なテーマなので、あとでもう少し考えてみたい。

以上、四つの葬送の様式について、鎌倉新書調査ではこんな割合になっている。

	【今回（二〇一七年）】	**【前回（二〇一五年）】**
▽一般葬	五二・八％	五八・九％
▽家族葬	三七・九％	三一・三％

▽一日葬　四・四％　三・九％
▽直葬・火葬式　四・九％　五・九％

みえてくるのは、葬儀の小規模化の傾向である。一般葬が六・一ポイント減り、家族葬が六・六ポイント増え、直葬は減少している。調査の担当者は「直葬・火葬式が増加し、式を挙げて弔う文化の衰退を懸念する声もありますが、今回の調査では大きな増加は見られず、家族葬など会葬者の人数を減らしても、式を挙げる人が多いという結果となりました」とコメントしている。

死のデフレ化

ところで費用についてはどうか。葬儀にいくらかかったかを、同調査でみてみよう。

【葬儀にかかった費用】

▽二〇一三年　＝　二、〇二九、〇二〇円

▽二〇一五年　＝　一、八三九、七三五円
▽二〇一七年　＝　一、七八二、五一六円

もちろん、葬儀そのものの費用に、飲食費と返礼品にかかった費用の合計金額であるが、一三年からわずか四年で約二五万円も費用が減っている。つまり財布のひもがキツくなっているということだ。

もうひとつ、葬儀にまつわるお金の話といえば、「香典」である。同調査のデータによると、包んだ金額は、「自分の親」（いちばん多かった層＝五千円未満）、「自分の兄弟姉妹」（同＝三万円以上～五万円未満）、「会社の上司」（同＝五千円以上～一万円未満）など、ほぼ想像の範囲内であろう。興味深いのは、「香典ってどのくらい集まるの？」という問いに対する答えである。

【会葬者からの香典の合計金額】

▽二〇一三年　＝　八八六、八四四円
▽二〇一五年　＝　七八九、〇〇六円

▽二〇一七年　＝　七三八、〇九四円

ここでもわずか四年で一五万円の減少で、会葬者数の香典金額の減少傾向ははっきり見て取れる。地域別にみると、平均金額が最も多かったのは中部地方で約九五万円。反対に最も少なかったのは、近畿地方の約四四万円。お金には厳しい関西と、ふだんはつつましいが冠婚葬祭が重視され派手なことで知られる名古屋圏では、二倍以上の差があることに改めて驚かされた。

一方、葬送関係者と話していて、よく聞かされるのは、「ジミに葬式をすると損をする」ということだ。どういうことかといえば、ふつうに葬儀をすれば、地域的な違いはあるが、調査によると平均約七〇万円の現金が香典の形で入ってくるのである。ところが、葬儀式にかかるベースの費用は変わらないのに、弔問客をまったく入れないでやってしまうと、逆に損をしてしまう、ということらしい。どういう葬儀をするのかは、かかる費用の問題も含めて、じっくり考えておいたほうがいいということだろう。

葬式はいらない？

さて、直葬について、である。

あれは確か、二〇〇六、七年ごろだったろうか。私は当時、ほとんど葬送をテーマにした取材はしていなかったが、久しぶりに旧知の関係者と会ったとき、「最近、直葬が増えてね………」とシブい顔をされた。えっ、何それ？

「知らないの？　遺体を、葬式もしないでそのまま焼き場に持っていくってやつ。いま静かなブームだよ」………。そんな話をしたのを記憶している。中には、まだ焼き場の熱で熱いまま、合葬墓に入れられているらしい、と聞いて、愕然としたのだった。

ただ、当時はそれも、人情薄いというか、隣は何をする人ぞ、の首都圏の話だと思っていた。東京ならさもありなん、と。ところが瞬く間に、ある業者の表現を借りると、「燎原の火のごとく」地方にまで広がっていった。中部地方の葬儀業者と最近話したとき、「直葬って、東京の話だと思っていたら、うちの近辺の人たちからも、『葬儀しないでいいっていうのがあるらしいね』と問い合わせがあって焦りましたよ」と聞いた。

業者が真っ青になるのはわかる。病院で亡くなった人が、そのまま火葬場に持ち込まれたら、葬儀社の入る隙間はないからだ。商売あがったりとなる。そういう世間の雰囲気を嗅ぎ取ってか、宗教学者の島田裕巳氏が二〇一〇年に書いた『葬式は、要らない』（幻冬舎新書）がベストセラーとなった。

本当に葬式っていうものは、要らないのだろうか。カネはかかるし、面倒くさいし、意味もわかんないから……。要らないと思う気持ちもわからなくもない。ただ一方で、親や近親者はもちろん、仲のいい友人、さほど仲はよくなくても一緒に仕事をした人たちが「死んだ」と聞いて、何もしないのは、何となく落ち着かない気持ちもわかるのである。

では、ふつうの人たちはどう考えているのか。冠婚葬祭総合研究所の「葬祭等に関する意識調査」（二〇一七年）によると、葬儀を行わずに火葬する「直葬」について、肯定派（「そう思う」「ややそう思う」との回答）が増えている。

【直葬でよい】

〈自分の葬儀について〉　＝五七・九％
〈家族の葬儀について〉　＝三五・〇％

「自分の葬式は直葬でいい」という人が六割近いことに、私は心底驚かされた。いまはやりの「散骨をしてほしい」（三二・九％）や「樹木葬をしてほしい」（二九・二％）をはるかに上回っている。

日本消費者団体協会の「葬儀についてのアンケート調査」（二〇一六年）でも「直葬」について聞いており、いちばん多かったのは「あまりに味気ない」（三五・七％）だったものの、そのあとに「故人の希望なら仕方ない」（三三・四％）、「できれば自分もそうしてほしい」（二四・八％）と続いている。

冠婚葬祭総合研究所の調査でも、「家族の葬儀」については、直葬肯定派はがくっと減ってはいるものの、それでも三人に一人の支持はある。また、男女別の内訳も出ているのだが、年齢層別のデータのうち「団塊世代／自分の直葬肯定派」は男性四九・五％、女性五八・八％と、一〇ポイント近い差で女性の支持があるというのも興味深い。戦後を生きた女性たちは従来型の葬儀式の負の面を直接たくさん見てきたから、葬儀そのものを否定しているのだろうか。ああ、もうあんな葬儀はたくさんだとつくづく思っているのだろうか。

「そっと消えてしまいたい」

亡くなって、火葬されて、そのまま埋葬されるという選択肢。「私のことは放っておいて」と言っているようでもある。その意識の裏には、女性たちの絶望のようなものがあるのだろうか。いやむしろ、それとは逆に、生き切ったからもういいや、というカランカランとした潔さがあるのだろうか。

そんなことをぐずぐず考えていると、二〇年ほど前に取材した、女性校長のことを思い出してしまった。乳がんだった彼女は、自分の最期について、自分ですべて決めていた。徹底的に、ほぼ完璧に。

当時はまだ、死後の諸手続きの代行などを前もって決めておく「生前契約」という言葉など知られていなかった時代である。鈴木京子先生（仮名）は教職に人生を捧げ、独身を通し、都内の中学校の校長まで勤め上げていた。六五歳で亡くなる一〇年ほど前にがんは見つかったが、治療よりも教育を優先させた。定年後、京子先生は死後に関するあらゆる手続きを書きだした。遺体搬送。死亡届提出。火葬許可証の受領。火葬場の立ち会い。共

同墓地納骨。税金納付。郵便物の返還。国民健康保険証返還。年金停止。家具処分。賃貸住宅返還。電気ガス代精算。ＮＨＫ受信停止……。

そのすべてについて、他の人の手を煩わせたくないと考えてたどりついたのが、当時まだ出来たての「りすシステム」という団体（のちにＮＰＯに）だった。私は彼女の死後、「りす」のスタッフと話していて、その存在を知る。そして、可能な限りあらゆる人から、彼女のことを聞いて回った。

財産管理を依頼した信託銀行員に、過去をほんの少しだけ語っていた。離れたところに兄と姉がいた。死後に投函された手紙には、処分した財産でできた金額が書かれた小切手が同封されていた。教員の同僚との結婚歴もあり、一人子供もいたらしい。離婚の理由はだれも知らない。

手紙が文机の中にあった。死後だったら公表してもいいよ、とスタッフは告げられていた。題は「安らぎ」だった。子供たちと過ごした教員人生の楽しさに触れたあと、その手紙にはこうあった。

〈身内や友人がいないわけではありません。でも私はそっと消えてしまいたいのです。誰にも気付かれず「いつの間にか消息を聞かなくなった」という終わりにしたいのです。こ

れは贅沢でしょうか。〉

教師時代の写真を見せてもらった。小柄で目鼻立ちがすっとして整い、淡色のワンピースが似合っていた。熱心に子供の話を聞いた。でも、私生活については話すことはなかった。スキを見せることを嫌ったのだろうか。NHKの大河ドラマ「春日局」をもじって「さすがの局」という愛称が残る。教え子の一人は「映画『風と共に去りぬ』のスカーレットのような先生でした」と振り返った。

京子先生の死は、同僚の先生たちですら、長く知らなかった。教え子たちは、暑中見舞いが「本人死亡」で返ってきて初めて知って驚いた。

京子先生の校長仲間の男性元教諭はこう言った。

「お手本みたいな最期。鈴木先生らしいと思いました。皆にもこんな生き方もある、と勧めたいです」

一方、仲の良かった女性の元校長は涙声で「悔しい」と言った。

「人に迷惑かけたくないって言うけど、後に残った私たちのやり切れなさを分かってないよ。悔しい。とっても悔しい。どうしてお世話させてくれなかったの？　つらかったり、泣きたかったり、助けてって叫びたい時だってあったろうなぁ。迷惑かけてもいいじゃない。そんなの美学なんかじゃない」

京子先生の時代にはそんな言葉はまだなかったけれど、「そっと消えてしまいたい」と言って葬儀を拒否した先生の最期は、紛れもなく直葬だった。かかわりのあった人のうち、おもに男性は「清々しい、立派」と評価し、女性の友人たちは「悔しい、頼ってほしかった」と悔やんだ。自分の人生観を打ち出したとき、葬送は多様にできる時代が、たぶん、二〇年ほど前から始まっていたのだろう。いま聞けば、また評価は違ってくるだろうが、当時は戸惑いのほうが強かった気がする。

最近、たくさんの人の最期に付き添ってきた「りす」のベテランスタッフ、森妙子さんと話していたら、直葬についてこんなことを言っていた。

「直葬ってひと言でいいますが、私は、自分が決めるパターンと、遺族が決めるパターンの二種類があると感じるんです」

〈する〉タイプと〈される〉タイプ。主動型と受動型ということか。もちろん、京子先生は「自分で決めた〈する〉タイプの直葬」だった。一方、「直葬にさせられる」人たちもいるということか。森さんはこう続けた。

「残念ながら、遺族が決めるってほうの割合が増えています」

何気ない口調での話だったが、よくよく考えてみると、恐ろしい話である。しっかり自分の最期について決めていなかったら、いや、希望はあったとしても家族との仲がうまくいっていなかったら、死後は勝手に「葬儀はナシにしよか。ねっ、それがいいよ。面倒だし、おカネもかかるし……」などという感じで決められてしまうのだ。自分にはまったく手が出せない世界なのだから。

墓は動いている

ここまで葬儀の変容について述べてきたが、この章の後半は、いまの墓について考えてみる。葬儀と同様、お墓も、平成期に入ってからがらっと様相を変えた。どんなふうに変わったのか、変わってきた背景には何があるのか。これからどんな方向に向かうのだろう。いろいろ考えることは多いが、まずここでは、現況をみていきたい。

そういえばこの五～六年、二人の専門家の後をついて、いろんな霊園を訪ねた。火葬場設計・建築の第一人者、八木澤壮一・東京電機大学名誉教授と、この本の監修者でもある前日本葬送文化学会会長、長江曜子・聖徳大学教授だ。師弟関係でもある二人は、定期的に国内外の墓地や火葬施設を見て回っている。いまでも、ヒマを見つけて。えらいなあと思う。現場が大事なのだ。それに「墓は日々動いている」と言う。

「霊園は年々新しくなるから、定期的に見ていれば発見がある」

私も霊園を見かければのぞいてみることにしているし、自宅に届く新聞に入ってくる霊園のチラシには必ず目を通し、「日当たり良好」なんていううたい文句に苦笑する。亡くなって入るのだから、日当たりは関係ないじゃんと個人的にツッコミを入れながら、そうか、昔、墓は「親の遺骨を入れるため」のものだったが、いまはもう、「自分がいつか入るため」のもので、そのためのチラシなのだなと思い至る。

自分ひとりで見たり聞いたりするより、専門家と一緒に見て回れば、わいてくる疑問をその場でぶつけられる。これ以上の「学び」はないのである。私はそうして、この五〜六年、千葉県松戸市の、なぜか「東京都立」の八柱霊園を歩き、川崎市の霊園を歩き、無縁墓の調査に同行し熊本県人吉市の担当者のあとを追いかけて里山を歩き、火葬場で出た残骨灰の供養をしている石川県輪島市の寺に行き、はたまた中国の葬送事情を調べに行った。現場にいけば、よくわかる。そう、やっぱり墓は動いている、のであった。

まずは手近な首都圏、川崎市内の霊園を歩いてみた。以前はすべて、「○○家之墓」だったのが、墓石にいろんな文字が刻まれるようになった。これも平成期になってからのことだ。いろんなタイプの墓があるが、ここでは一般墓のほかに、使用料（「墓を買う」という言い方がよくされるが、実際は「墓の使用権」の購入）の安い順にいえば、「集合個別式墓所」「芝生型墓所」「壁面型墓所」があった。

「アーリントンみたいだなあ。兵隊さんの墓地。ニッポン人は、画一的なのが好きなんだなあ」

八木澤先生が、広々とした緑の芝生に整然と並ぶ芝生型墓地を眺めながらつぶやいた。米国の戦死した軍人が眠るアーリントン国立墓地を思い出したらしい。私はタテヨコきれいに並んでいるのを見ると気分がいいのだが、何ごとも統制されるのが大嫌いで自由人である先生はちょっと違ったまなざしで見ていて、こういう。

「墓はもっと個性を持っていいんだよ」

そうしたら、そばで聞いていた長江先生が付け加える。

「アーリントンでも、ケネディ大統領の墓は別格だし、同じ軍人でも、将校の墓はもっと個性的です」

さすが、世界四五カ国を回った専門家だ。それにしても、戦死者の墓地である。命令一下に動かなきゃの兵隊さんっていうのは、死んだあとも、没個性を強いられるのだと知ってちょっとびっくりである。これが命を分け合った仲間意識というものなのだろうか。

人生を表す文字

日本も昔は没個性一色だったろう。だって、「イエ（家）墓」ばっかりだったのだから。自分らしさ、なんてのは出してはいけなかった。それがいまでは、自分の人生を表す一文字をそれぞれ墓に刻んでいるのである。ちょっと見てみよう。

いちばん多いのは漢字一文字タイプか。

「風」「夢」「輝」「絆」「悠」「心」……

ひらがなだと、こんな感じ。

「ほんわか」「まごころ」「やすらぎ」「ほほえみ」……

メッセージも刻まれている。

「あなたにあえてよかった」「また会う日まで」「お参りありがとう」……

うーん。どうだろう。なんだか、墓石の後ろから故人がひょっこり出てきそうでコワい。どこかの霊園には「よく来てくれたなぁ　ありがとう」とかいうのもあったと聞いた。お茶でも出されそうな雰囲気だ。こうなってくると、もう手紙の一部っぽくなる。まあ、趣味の話ですから、どうぞご自由に、なんだと思う。

あとは、英語も。

「Dream」「Love & Peace」「Thank you Forever」……

洋楽、入ってますね。ビートルズ世代でしょうか。これもまた自由でいい。

でも、自分の人生をひとことで表す文字を、選べるのか。探せるのか。私には自信がない。そんな大それた人生じゃないし。ひとつに決めても、あとでまた書き直すっていうわけにもいかないし。決めて刻んだ人ってすごいと思う。

墓の三機能

長江先生は、都立八柱霊園の門前にある、大正九年に浅草本願寺前で創業し、今年で九八年目という老舗石材店を経営する三代目社長でもある。仕事のフィールドをそのまま研究テーマとして研究しているから発言に重みがある。だからだろうか。養老孟司とか糸井重里とかピーター・バラカンといった当代一流の文化人との対談の仕事もこなしてきた。

一方、先生は徹底した現場主義者でもある。フィールドワークといってもいい。たとえば、春と秋のお彼岸の時期に、八柱霊園（総面積一〇五ヘクタール）にある墓の一部一万二〇〇〇基の墓に手向けてある供花を、七〇代の社員と二人で調べ上げ、「墓参率」を算出している。「墓参りに行きますか？」と聞いて答えてもらうアンケート調査ではない。実際に墓参りした「実数」ともいえる証拠に基づく研究である。誰もそんなことを考えつかないし、やろうとも思わないだろう。

そうした実証データに基づいて書かれた論文のタイトルが「人間の死後生活空間として

の墓地の永続管理に関する研究」だった。

その長江先生に、墓って何のためにあるんでしょう、墓の機能ってなんでしょう？　と聞いてみたら、即、答えが返ってきた。三つあるという。


【墓の機能】

①家族や先祖の供養塔
②遺骨の置き場所
③故人の記憶・記録（メモリアル）

なるほど。薄々はそんなことだろうとわかっていても、こうしてきちんと挙げることができるのが、大学の教授なのだろう。

「①家族や先祖の供養塔」はまさに、みんな体感してるし、経験もある。つまり、墓参りの場所ってこと。自分がぽつんと生きているんじゃなくて、血のつながった人との時間の流れの中にあるということを、墓参りによって実感する。

以前、過食症など心に傷を持つ若者たちに、自分の家の墓を掃除させる心理療法に立ち会ったことがある。長い時間軸を意識させることで、「先祖」ってなんだろうと考える。

墓参りのときに、何代前くらいを意識するのか。私は祖父母と、ぎりぎりその上の曾祖父母くらいまで。そのあとはぼんやりと雲とか霧の中である。意識できない。第一生命経済研究所の調査（二〇一〇年）だと、「先祖とは誰か」と聞かれて、いちばん多かったのは「自分の親や祖父母などの近親者」（七三・二％）で、その次に「自分の家系の初代または初代以降すべて」（五〇・三％）がくる（複数回答）。やはり、だいたい親とじいさまばあさままでなのだ。逆に、「自分の家系の初代」を意識している人が半数以上といたというのが驚きだった。

祖父母までなのか、そのずっと前までイメージするのか微妙ではあるけれど、日本人は、世界各国に比べ祖先の存在を身近に感じているというデータが実はある。国際社会調査プログラム（ＩＳＳＰ、二〇〇八年）のデータで、「先祖の霊的な力はあると思いますか」という問いに対して、日本は世界三四カ国中、堂々の第一位で六六・〇％が「はい」と答えている。とくに若い年齢層はその傾向が強いとも聞く。若い層で祖先の存在を感じている人が多いなら、墓は安泰といえるのだろうか。これからおいおい考えていく。

「②遺骨の置き場所」もそりゃあそうだと理解できる。でも、押さえておきたいのは、「

墓地埋葬等に関する法律」（一九四八年制定）という法律には、遺骨は埋葬しなさい、とは書いてない。埋葬するなら決められた場所に、という書きぶりなのである。

そして「埋葬」はというと、「死体（妊娠四カ月以上の死胎を含む）を土中に葬ることをいう」である。つまり、土を被せればそれが埋葬といっていい。「ということは……」と必ず言うやつが出てくる。リクツをこねだす人は一定数、社会にはいる。じゃあ、土中に埋めなければ、決められた場所でなくてもいいのか、たとえば自宅の庭でも土に埋めなきゃいいわけね、墓のようなものを庭に建てて、地面より上部に安置しておけばいいじゃん、と。法律上はそう読める。

それから、埋葬しなければ手元に置いていいので、骨つぼを自宅に持って帰り、仏壇のそばに置いたり、手元供養として遺骨をペンダントに加工することが可能となる。

「③故人の記憶・記録」。たぶん、この三番目の機能がいちばん忘れられがちなのかもしれない。英語では「メモリアリゼーション」という。

私は時々、無性に墓参りに行きたくなる時がある。それは祖父母の墓だったりもするが、会社の先輩とか仲が良かった友とか。仕事の合間に、ちょっとだけ抜け出して、墓前に立ち、手を合わせる。それで何だかすっきりする。手を合わせながら、何をしているのか。

その先輩と会話していることもあるし、ただ心を無にしているときもある。

その時間は、ある意味、贅沢な祈りの時間である。記憶を呼び戻すには、「場所」が必要なのではないかと思う。いつでも、その人を心の中で思うことはできる。でも、ある特別な場所に行って、語り合いたいと思うのは私だけだろうか。たとえば、太宰治の墓に行きたいと思う人は多い。東京・三鷹の禅林寺に、桃の季節に。ついでに、その向かいにある鷗外の墓に参ってもいいし。

無縁墓が七割

そうした墓地にまつわるあれやこれやの基礎を学びながら、私は八木澤、長江両先生と、だだっ広くて緑の多い八柱霊園をてくてく歩いた。そうしてふと気づいたのは、「無縁墓」の存在だった。

ぽつりぽつりと雑草が生い繁るいくつかの墓の前に、〈墓参りに来たら事務所に寄ってください〉という趣旨の立て札がある。これを一年間立てておいて、連絡がなかったら、そこを無縁墓として認定、撤去して新しい墓を建てることができるようになったという。

いわゆる「無縁墳墓の改葬手続き簡略化」だ。

それまで無縁墓を撤去するには「全国紙二紙に、三回以上の公告を出す」ことを義務付けられていた。一カ所動かすために数百万円の費用がかかり、制度としてあまり効果がなかった点などが検討され、一九九九年、立て札方式に簡略化（加えて官報にも掲載）された。承継者がいることを前提につくられた霊園の維持制度が、少子高齢化が進み認知症も増え、非婚の時代に突入したこともあって、立ち行かなくなっていたのだ。無縁墓地として認定されれば、中の遺骨を合葬し整地して新しい墓がそこに建てられるのだが、いまの墓は小ぶりなので、一基あった敷地に、新しい二〜三基のいま風の墓が建つことになるという。ただちに合葬せず骨つぼを一定期間保存して返還できるようにする地方公共団体などもある。

長江先生は「石屋（石材店）は祭祀サポート業」と口癖のようにいう。墓石を売って終わり、では決してない。墓参りに来た顧客の接待をしながらニーズを聞き、毎日、霊園を見て歩かなければならない。そうしているうちに平成期に入ってからの「無縁化」が大問題になることが肌感覚でわかったらしい。「イエ（家）制度」を前提としていては霊園は維持できない、と。核家族だし、子供は少ないし、いても娘だけかもしれないし。無縁化は当然の成り行きだった。

いや、先生にとってそれは、家業の先行きの心配というより、葬送という人間の持つ文化の衰退が気になってしかたなかったからだろう。二〇〇七年に先生が書いた前出の論文には、「墓地の有期限化」とか「墓地内合葬墓の設置」など、一〇年後のいまもメインテーマになっている五項目が提言として挙げられていた。

墓は「買った」のだから「永代供養」してもらえるというのは誤りである。それは「承継者がいて、使用規則を守り、管理料を支払い続ける限り、ずっと使用していい」という意味なのである。後継ぎがいなくなったら、無縁墓地となる。だからこそ先生は、フランスの無料墓地のように五年とか、ほかのヨーロッパのように一〇年とか二〇年などの有期限にして、そのために初めから墓地内に遺骨の安置場所をつくっておくべきだ、などと提言していた。

無縁墓の話は首都圏ばかりの話ではない。いや、むしろ地方のほうが深刻なのではないか。そうした問題意識で長江先生が熊本県人吉市に調査に行くというので、二〇一六年二月、私は同行した。人吉では全国でも珍しく、「市内の墓地管理および利用の実態を全調査」したという。役所の言葉ではそうなのだけど、要は「無縁墓がありすぎて困るから調べてみた」ということであろう。

人吉盆地の西南端、鹿児島県と接する人吉市は市の中央部を球磨川が還流する自然豊かなまちである。自然豊か、というときは、もちろん「田舎」ということを意味するのであるが、平安中期の文献にその地名があるというから、実は歴史も豊かな土地である。

隅田節子・市環境課長から市が二〇一三年に実施した「墓地環境安全確認調査」について説明してもらった。なぜ、そんな面倒くさい調査を始めたのだろう。まずそこが気になった。前例なんて、ほとんどないのだから。その前年に、法律が改正されて団体委任事務の中に墓も含まれており、墓地の経営許可などに関する権限が県から市に移譲されたことがきっかけだという。県からどさっとお墓の台帳がきたものの、そこに記載されていた墓地は五七カ所のみ。ところが、市が把握しているのは約七〇〇カ所だった。どうしてこんなに差があるのだろう？

やらされないとやらないふつうのお役人課長だったら、台帳の入った段ボールにフタをして、そのまま物置部屋にしまいこむのだろうが、ものごとを前向きにとらえる隅田さんはそれが許せなかった。だいいち、市有地の公営墓地で斜面が崩れたり道路が塞がったりしたら、市の管理責任である。よし、やるぞ、と声に出したかどうかはわからないが、なんとか国の補助金をみつけてきて民間業者を使って調査に乗り出したという。

やってみて、びっくり。市有墓地（市有地に建っている墓地）にあった墓二、七八六基のうち一、九一三基が無縁だった。六八・七％、つまり七割の墓が誰のものかわからなかったのだ。一方、民有地の墓はどうか。九八一カ所の民有地の墓地の一二、三四二基のうち、四、五六一基、四割が無縁墓だと判明した。

墓地を建てる際に県の許可が必要であることを知らない市民が多かったことが背景にあるのだろう。周知も足りなかった。そもそも墓地埋葬法が施行される一九四八年以前からあった墓もあり、どんどん拡張していった。日々の生活の中に「死」があって、墓は必要に応じてつくられた。墓地がいっぱいになったら、その隣の空いている土地とかにも広げられた。それはある意味、自然な成り行きでもあったのだけど、戦後は行政としては少なくとも把握する必要があった。管理責任があるから。隅田さんが調査させてみて、問題の所在が可視化された。さて役所としてはこれからが大変だ………。

説明が終わって、隅田さんは「現場を見に行きましょう！」と言った。いつも前向きなのである。早くしないと暗くなりますよ、さっ、行きますよ。せかされて車に乗せられて現場に。車を降りると、長靴と軍手を渡される。隅田さんはカマまで手にしている。「これ、必需品ですから」。その言葉通りだった。道なき道の生い茂る雑木の枝をカマで払いながら、ずんずん進んでいく。苔生した足元の墓に気づく。原型をとどめているのもあれば、墓石が横倒しになっているものもある。竹林の中、「寛永△年建立」という文字が見える石も。三〇〇〇基近い墓の所在がこんなに苦労して確認されていったのだろう。二時間ほどかけて数カ所回ったら、汗だくになった。里山の墓地の調査がこれほど大変だとは思わなかった。

首都圏でみる霊園は、それなりに草刈りもしてあり整然としているが、地方の、中心都市から離れた山間部とかの墓地はそうではない。人がお参りをしなくなった墓はたちまち、廃れていく。それは薄情になったとかではなく、過疎化と高齢化とで自然な流れで無縁になっていったのであった。墓は動いている、という話をさっきしたが、私は人吉で、こう感じた。

「墓は生きている」

遺骨の安置場所でもある墓を「生きてる」というのもヘンだが、なんだかそう感じた。かかわりを持たなくなった墓は廃れる。逆に墓というものは、参る人がいて初めて墓になのであろう。

それにしても、私有墓地の七割、民有墓地の四割という無縁率の高さには、改めて驚かされた。これは人吉市だけの話ではもちろんない。全国の市町村では、かなりの割合で無縁墓があるということなのだ。

ただ、戦後の産業構造の変化、経済復興、発展期を通じてこれだけ人口が動き、次男だけでなく長男までが首都圏・阪神圏に仕事や教育を求めて移動した。その結果、少子高齢社会となり、地域の結びつきが乏しくなってしまった以上、墓の無縁化もある程度は仕方ないともいえる。お墓を継がせたいと思っても、そもそも子供がいないかもしれないし、いても遠くに住んでいるケースも多いだろう。首都圏の霊園で無縁化が心配されるなら、継ぐべき世代の少ない地方の町村だとなおさらだろう。

なぜ改葬をするのか

無縁になるのは忍びないとして、いま、ちょっとしたブームになっているのが、「改葬」である。就職や進学で都市部に出てきた人たちが、地元にある墓から自分の家の近くに墓地を探してそこに遺骨を移すことを指す。九〇年代の終わりだと年間だいたい七万件だったのが、二〇一六年には九万七三一七件。年間約一〇万のご遺骨が「引っ越し」しているというから、なかなかの数である。

役所の証明書を取ってお墓に納骨したのだから、引っ越しにしてもそれなりの手続きが必要だ。そこで、長江先生が全国の石材店仲間と連絡を取って一〇項目にまとめた、「なぜ改葬をするのか」の分析は興味深い。書き出してみる。

【改葬する理由=長江先生の分析】

① 墓参しやすくするために近所に移した
② 霊園が山場にあったためお参りが不便で移した
③ ひとり娘が独身で承継できない
④ ③と同様の理由で、遺産管理の弁護士による改葬
⑤ 妻側の実家の墓を移転。改葬して「両家の墓」を建立
⑥ 実家の墓の承継を長男にこだわらず、次男が受け継ぎ移動
⑦ 宗教、宗派替えで寺院墓地から公営・民営霊園に

⑧　高齢の親のために、車いすが使える霊園に
⑨　承継者がいないので、兄弟姉妹家族の隣接墓地に
⑩　墓はあっても不便なので、子供が墓参しやすいように

一〇項目をつらつらながめているだけで、現代の諸問題が見えてくるし、財産がらみのトラブルの匂いもしてくる。そういえば、改葬希望者と墓のある寺とのトラブルも多いようで、事前によく話し合っていなかったために、「離檀料」などの名目で数百万円を請求されたり、「祟りがある」などと恐喝まがいの話も聞く。檀家を抜けるときに離檀料なるカネがかかるとは、坊さんもびっくりの脅し文句である。たとえ、檀家が減ることでその寺の経営が成り立たなくなるという危機感が背景にあったとしても、である。そういうことをしていると、仏教離れがますます加速していく。

自然にかえりたいから…

墓をめぐる話の最後は、「散骨」である。実は、この散骨というのが、平成期に激変す

る葬送様式を象徴するものであるといっていい。遺骨はお墓に安置されるものとながく信じられてきた。だけど、四半世紀前、平成に入ってすぐの時代に「海や山にまいてもいいよ」といわれ、実施した。「自然にかえれるなら、それでいいじゃん」ということで、人気が出ている。それが葬送をめぐるいまの状況だろう。

死後の自己決定権は個人にあるべきなのではないか。自然にかえりたい——その感覚はある意味、素朴なものであった。それまでは「イエ（家）制度」を前提としていて、人は死んだら「〇〇家之墓」に入るのが当然だとされてきた。

その常識に異論を唱えていた市民グループ「葬送の自由をすすめる会」が一九九一年一〇月に相模灘で海洋散骨をした。これが戦後日本での散骨の始まりだとされている。このとき、会では散骨のことを「自然葬」と呼んだ。以後、自然葬という名称はひろく定着していくのだが、この言葉を発案したのは、この本でよく登場する八木澤壮一先生であるという。火葬場建築の第一人者で、「迷惑施設」とされてきた火葬場に新しい風を吹き込んだ先生は、創設当初、会の精神的支柱であったらしい。自由人だから、すべての「権威」にとらわれることをよしとしないのである。そして、ただ「骨をまく」というより、「自然にかえる」という面を強調して「自然葬」としたのだろう。この言葉によって、多くの人が散骨を受け入れたことは間違いない。

それまで散骨は、「埋葬または焼骨の埋蔵は、墓地以外の区域に、これを行ってはならない」とある墓地埋葬法（墓埋法）違反や、刑法の遺骨遺棄罪に抵触する行為だと信じられてきた。ところが、時代が変わった。同会の散骨に対して、厚生省（当時）は「もともと墓埋法は、散骨のような方法は想定していない」とし、法の対象外という立場を取った。また法務省は「宗教的な感情を害さない限り刑法上の問題はない／節度を持って行われる限り問題ない」という見解を示した。あくまで担当者の見解が出ただけである。これまでの葬法を大きく変える効果があると予想されたのに、国民的議論も、もちろん関連法の改正もなかった。文書化もされていない担当者の見解が定着して、いまの「散骨ブーム」につながっていった。

ひと口に散骨といっても、いろいろある。思い出すのは、一九九五年公開の米映画「マディソン郡の橋」。クリント・イーストウッドが監督で、イーストウッドとメリル・ストリープが共演したラブロマンス。四日間の不倫の物語なんて言い方をしてしまうとミもフタもないのだが、最後は同じ橋の下に遺灰をまくということで、永遠の愛情物語に昇華された。散骨は墓という「狭い場所」に固定されるのではないから、自由な感じがウケるのだろうか。テノール歌手の秋川雅史さんが歌う「千の風になって」に通じるのかもしれない。ちなみに、私の九州に住む母は、実父の墓参りに行くたびに、この歌になぞらえて「ここにあんたのお父さんはおらんもんね」と言う。「忙しか人やったけん、ここで眠ってなんかおるわけのなか」。いなかったら、なぜ墓参りするのかという根源的な問いは、しなくていい。墓はそこにあるし、父は自由だったのだ。それでいい。

東京湾とか沖縄とかハワイとかの海にまく海洋散骨も人気だ。それから、派生形なのだろうが、「樹木葬」も根強い支持がある。一九九九年七月に、岩手県一関市で、祥雲寺の千坂げんぽう住職が始めた。きちんと寺の墓地としての許可を取り、「里山の保護」を目的としての取り組みだった。

北海道大学の上田裕文・准教授によると、国内の樹木葬は四つのタイプがあるという。祥雲寺のような「①里山型」と、墓域内に遺骨を埋めたあとに苗木を植える「②樹林型」、そして区画に墓石の代わりに木を植える「③ガーデニング型」、そして、大きな木を一本だけ植えてその周りに遺骨を埋める「④シンボルツリー型」――である。都市型ともいえる③④で八割を占めるらしい。上田先生の専門は森林学で、その元祖のドイツ留学中に森林保護と葬送の関係に興味を持った。ドイツでは、国有林保護の観点から樹木葬のムーブメントが起きているという。その先には「葬送＋森林保護＋観光」という考え方があって、大きなうねりとなっているらしい。そんなことを聞いていると、日本の樹木葬が少々さびしく、さもしく感じてしまう。自分のことだけでおしまい、って感じ。上田先生はこう話す。

「ドイツでは森をお墓にし、日本ではお墓を森っぽくしたのでしょうね」

いずれにしても、自然にかえる、というロマン漂う散骨は、いったん「解禁」されると、多くの人たちが支持してきた。データをみてみよう。

総理府の世論調査によると、九〇年、散骨を「葬法として認めてもよいと思う」とした人は二一・九％しかおらず、「認めるべきではない」は五六・八％、過半数だった。ところが、第一生命経済研究所が実施したアンケート調査（二〇〇九年）では、「自分の遺骨をまいてもらいたい（全部・一部散骨、合わせて）」が二八・八％、「自分はしたくないが、他人がするのは構わない」は五五・一％。逆に、「葬法としては好ましくない」とした人は一四・七％だった。調査が異なるので単純な比較はできないが、傾向はわかる。わずか二〇年たらずで賛否は完全に逆転、「散骨容認」の人は八割を超えたことになる。第一生命経済研究所の調査では、散骨したい理由も聞いているが、「自然にかえれる」「お墓参りで家族に迷惑をかけたくない」「お金がかからない」などが上位だった。

もうしっかり国民に認知された感がある散骨ではあるが、気をつけなければならない点がある。それは、「まく自由」が認められてきたのなら、「まかれたくない権利」も尊重されなければならないということだ。

山にしろ、海にしても、そこで生計を立てそこで暮らす人がいる。水源地の森や、その海で魚や海産物をとって生きている人たち、あるいは観光業の人たちもいる。その地域の住民に、「遺骨＝死＝縁起が悪い」と思う人がいたり、風評被害を心配する人がいたら、その気持ちは否定できないのである。実際、この四半世紀に心ない業者によるトラブルが相次いだ。遺骨を細かく粉骨することなく、「それとわかる形のまま」、まかれるケースもあったという。まったく論外である。

もちろん、トラブルをなくすためにまじめに取り組んでいるところもある。日本海洋散骨協会は二〇一四年、海洋散骨ガイドラインをつくっている。それでは加盟事業者に対して、「粉骨の義務」や「陸地から一海里以上離れた海洋上でのみ散骨を行う」などのルールを明確に示している。海洋散骨証明書などの交付を義務付けている部分もいい。

散骨の島

私は二〇一八年四月、全国で唯一の「散骨の島」である島根県海士町の「カズラ島」を訪ねた。ここで隠岐出身の二人の散骨が行われるという。

海士町は「地方創生」のモデルのまちとしても有名だ。当時の山内道雄町長が旗を振って大胆な財政改革と新しい産業創出を図り、また島の高校の魅力化につとめて「Iターンのまち」ともいわれてきた。港のターミナルビルには「ないものはない」というスローガンが貼ってある。地域にあるもので勝負していこうという姿勢がいい。

カズラ島は諏訪湾入り口にある無人島。大山隠岐国立公園の中にあるため、一切の建築物は認められない。散骨で上陸するための桟橋も、いかだのような簡易なものだ。東京・板橋の火葬場、戸田葬祭場のグループ会社が二〇〇八年、「地球環境にやさしい自然散骨葬」として始めた。火葬後の遺骨を専用機械で粉末状（粉骨）にし、一〇ほどにの区画に順々にまいていく。すでに一三〇人ほどが島で眠っている。

この日、二人の遺族や会社の関係者がはるばる東京から来た。小ぶりの骨つぼに入ったた故人の粉骨を、スーツ姿の息子と孫が、背の高い広葉樹の根本にさらさらとまいた。そして手を合わせて黙とうする。そのあと息子はポケットからウイスキーの小瓶を取り出し、粉骨のうえに垂らした。「好きだった銘柄は別にあるんですが、きょうは特別な日。ちょっと国産で最高級のウイスキーも持ってきました」と息子は話した。

土はかぶせない。かぶせると、法律上「埋葬」になってしまい自然葬といえなくなるから。一〇メートルほど離れた別の区画には、ほかの人の白い粉骨が残っていた。時間をかけて、数カ月から一年ほどかけて少しずつ、雨と一緒に土にしみ込み風で飛んでいく。ふと目を向ければ、木々の間から穏やかな青い海が見えた。お別れの儀式なのに、のんびりした、いい光景だった。

ここには、よその散骨現場にはない、ひとつの「仕掛け」がある。「慰霊所」である。島の対岸、見晴らしのいい場所に慰霊の場所をつくったのだ。遺族はいつでも、慰霊所に掲げてある散骨者名のプレートを確認して、すぐ眼の前に広がるカズラ島に向かって手を合わせることができる。散骨当日、島に渡る前に、二人を送るための式典がこの慰霊所で行われた。

参列者の中には山内町長の姿もあった。島を出て出世し、後輩たちの面倒をみた二人だった。島への愛着は誰よりも強い。これは「ふるさと帰り散骨」といっていいと思った。祭壇に遺影があり、「お帰りなさい　やすらかに」と書かれた立て札の向こうに、青い海に浮かぶカズラ島の燃え立つような緑が見える。神職に促され、石倉さんの長男と孫が玉ぐしを捧げて拝礼した。町長は「ふるさとに対する思いはみんな強い。その気持ちに町がこたえるのは当然だと思います」と話した。

式のあと、二五歳の孫は慰霊所のいちばん先に立ってスマホで島の写真を撮っていた。「祖父とは家が近かったから子供のころはよく話していましたが、大学に入り、就職となるとそんなに話す機会もなくなりました。この島に来たのも、実は初めてなんです。でも、いま、島を見ながら、ああ、ここが僕のルーツだと実感できました」

島の開発の中心になったのは、グループ会社・日本炉機工業の村川英信社長である。村川社長は開発開始の二～三年前から島に入り、地元の人たちと酒を酌み交わし、地元に伝わる相撲甚句に聞き惚れ、ひざ詰めの交渉をしてきた。

もちろん、当初は「風評被害が出たらどうするんだ！」と住民から怒鳴られた。もともと火葬炉の設計をしてきた人間である。火葬場建設にも携わって、地元の理解が不可欠であることは骨身にしみて理解している。だから、必死に「島の上におくだけなんです。海にはまかないんだから、風評なんてないです」と訴え続けた。町長の了解・支援を得て理解が広がる。慰霊所をあえて設置したことも大きかった。まいて終わりじゃない、墓参りに来てもらうことで、観光客も増えるのだと。そうした苦労の積み重ねでできたカズラ島も二〇一八年で開設一〇年だ。村川社長はこう話す。

「散骨には『処分型』と『慰霊型』があると思います。自分自身、東京湾の散骨も見せてもらったけれど、中には処分型もあると思いました。カズラは慰霊の形にこだわりました。入りたいと、みんなが思うような島にしたかった。だから時間がとてもかかったんです。実態に合わない墓地埋葬法はいずれ変わります。そのとき、カズラがひとつの手本になるようにしたかったんです」

無形化、流動化するお墓

お墓はいま、揺れにゆれている。「イエ（家）墓」の息苦しさから解放されたとたんに、自由という不安を抱え込んでいるように思う。だからなのか。散骨をする人でも、全部ではなくて、一部は手元に残しているケースが多いと聞く。誰も正解は教えてくれない。シガラミもなく自由だから、自分で考えなくてはならないからだ。

都市政策の観点から墓地・霊園に関する著書も多い槇村久子先生（関西大学社会安全学部客員教授）は、こんなキーワードを用いて、墓の変容を説明している。

永続性　固定性　尊厳性

無縁化　←　個人化　流動化

無形化　←　有期限化　共同化

旧来の墓は、そのムラ（地域）に根差していて、ずっとそこから動かないものだった。どっしり尊厳があって、誰にとっても「大事な場所」だった。ところが、平成期になってとくに、墓は「○○家」から離れて個人の所有物となり、それが無縁化を招き、同時に引っ越しも行われるようになった。お墓は動いている、のである。そして、これから、形はなくなるのかもしれない。サイバー空間で何かが墓の代わりになるかもしれないし。それじゃなかったら、一人ずつ、っていうのはもったいないから、みんなで入ろう、期限を決めて入ろうってことになっていく。墓はまさに、いまの社会のありようを映し出しているのだった。

墓地の研究を四半世紀以上続けてきた槇村先生はこう言うのだった。

「ずっと無縁になった墓の研究をしてきたら、社会そのものが無縁になっていたことに気づいたのです」

第Ⅲ章

いつから火葬になったのか

～日本葬送史

ときが来れば一気に変わる

一八五三　↓　一八六八

この数字だけを見てぴんときた読者は相当な歴史好きのはずだ。それも日本の近代史方面の。

正解は「黒船来航」と「明治維新」の年号である。江戸末期、ペリーさんに率いられた米海軍の蒸気船など四隻が江戸湾の浦賀（いまの神奈川県横須賀市浦賀）に来航した。幕府が慌てふためいたのは想像に難くない。中学校の社会の教科書にあった「泰平の眠りを覚ます上喜撰　たつた四杯で夜も眠れず」という狂歌を思い出す人もいるだろう。

いやここで、日本近代史の復習をしているわけではない。ここから「幕末」が始まって、ついに明治維新に至る時間の短さを言いたいのである。ペリーさんがやってきて開国を迫った。鳩首協議したことであろうし、そののち尊王攘夷派と開国派が血で血を洗う抗争を繰り広げた。だけど、わずか一五年で、日本はがらっと変わったのである。士農工商、髷を結ったお侍さんが威張っていた時代から、維新があって、富国強兵、殖産興業、欧米に追い付け追い越せとばかりに一気に変容していったのである。

柔軟性というか、融通無碍というか。思想も一貫性もないというか。それがわが日本社会の大きな特質といっていいと思う。

実は、現代日本の葬送というものを取材していると、あまりの激変ぶりにめまいのような感覚を覚えてしまうことがある。墓の変容しかり、葬儀の激変しかり。日本社会は、というより日本人は、変わるときは一気に変わる。

興味深いことに、専門家が指摘するのは、

「葬送の激変は昭和が終わる時期に始まった」

という事実であろう。言い換えれば、二〇一九年四月末で幕を閉じる「平成」という時代は、「戦争と復興」の昭和期と比して「停滞した…」とか「失われた…」とかはたまた「下り坂の…」などと表現されるが、実は「葬送激変の時代」だったといえるのである。

次章で一九八九年から始まる葬送激変のいちいちを書いていくのだが、その前に、日本人は近世以降これまで、どんな墓をつくり、死者をどう弔ってきたのか。そのおさらいをしてみたいと思う。

骨つぼの地域差

葬送に関する取材を始めた当初、墓とか葬儀については知っているようで知らないことがたくさんあることに気づかされた。まずはじめに驚いたのが、関東と関西では骨つぼの大きさが違う、ということだった。ある会合で聞いたとき、えっ、みんな同じじゃないんですかと、声をあげてしまった。

関心がなかった私が知らないだけで、このことは、葬送業界では常識だった。関東は「全部拾骨」といって、火葬場で焼かれたお骨をすべて集めて骨つぼに収める。一方、関西では「部分拾骨」でのど仏を中心とした部分だけを入れて、あとはまとめて処分する。したがって骨つぼの大きさも関東地方では七、八寸と大きく、関西は三寸と小ぶりである。

では、その境、境界線はどこになるのだろう。誰もが持つであろう疑問に、学者や実務者でつくる日本葬送文化学会のメンバーたちが現地調査をしたというから、私は腰を抜かした。中部地方だろうと目星をつけて、「お宅の骨つぼの大きさを教えてください」と手分けして聞き回ったのである。その結果「能登半島と静岡中部を結ぶライン」ということが判明したらしい。でもそれって、フォッサマグナとかぶっていないか？　地質上の区分と、葬送文化的な差異がほぼ一致する理由はわからないが、何かしら知的ロマンをかきたてられる。

大きさが違っても別に問題ないじゃないかと言われそうだが、そうともいえない。関東の男性が境界線を越えて関西で結婚して暮らした。そこで亡くなったとき、関西風に小ぶりの骨つぼが出て来たのをみて、葬儀のあと、男性の実の姉が「骨を返して！」と叫んだなどという話を聞いたことがある。地域によって、遺骨への愛着も違うのだろう。

あとは、火葬してから葬儀をするのか、葬儀の終わったあとに火葬するのか。これも地域によって違いがあることを知った。地域習俗の違い、ということなのだろう。『葬儀概論』（碑文谷創著、表現文化社）には「北海道の一部（函館、根室）、東北地方全域、茨城、千葉北部、栃木の一部、新潟の一部、長野、山梨の一部、静岡北部、鳥取の一部、熊本の一部、沖縄の一部、その他では葬儀に先立って火葬を行う」と書かれている。これまた、私が抱いていた、葬儀が終わってひと段落ついたら近しい親族で火葬場に向かうという「常識」、イメージが、がらがらと崩れていくことになる。

前出の『葬儀概論』には、この違いについてこう解説している。

「これは古くからの慣習というよりは、火葬導入にあたって、多くの地域では火葬を土葬の代わりと考えたのに対し、前記の地域では葬儀の最終局面を墓地の納骨と見る考えから火葬を葬儀・告別式に先行させたものと思われます」

一般的な感覚だと、友人や知人の葬儀に出ると、そこが「最後のお別れの場」となる。ただ、親しい火葬場の職員と話していて、冗談じゃない、と言われたことがあった。彼は「いちばん最後は火葬場なんです。だから自分たちは誠心誠意、遺族の方に寄り添おうとしているのです」と言った。

確かに言われてみれば、火葬というのはヒトの体に火力というエネルギーを加えて短時間で骨という形態にする行為である。明らかに形が変わることで、私たちは心理的にひとつの区切りをつける。あとは骨つぼに入れられて埋葬されるが、それは死を意識して、気持ちを整える儀式の要素が強い。一部の地域では、そのあたりの順序が異なる。

まず「最後の別れ」を身内で済ませてから、親しい人たちの弔問を受けるという流れだ。その人を亡くしていちばん悲しいのは遺族であるのだから、葬儀のあり方としては、本当は「骨葬」（この言葉、葬送業界では使われるが、広辞苑には載っていない）と呼ばれるその流れのほうが自然かもしれない。土葬が長く残っていたそうした地方で、骨葬という葬法が引き継がれているのは興味深い。

火葬大国・日本

火葬というのは、考えればわかることだが、一定程度の時間（つまり手間）と燃やすための燃料（つまりはカネ）が必要な葬法である。中世以降、貴族や武士階級の間で広がったとされるが、なかなか庶民のものにはならなかった。それが明治維新を経験して近代化が進み、さらに伝染病予防という公衆衛生上の観点から督励されて広がった。とくに人口が密集した都市部では早かった。いったん火が付くと一気に変わる日本人の特性だろう、火葬への移行は急速に進み、いまでは、ほぼ一〇〇%、世界に冠たる「火葬大国」である。

各種資料で調べた、各年代ごとの火葬率は以下のとおりである。

▽一八九六（明治二九）年　　二六・八%
▽一九〇〇（明治三三）年　　二九・二%

▽一九二五（大正一四）年　四三・二％
▽一九四〇（昭和一五）年　五五・七％
▽一九七五（昭和五〇）年　八五・七％
……
▽二〇〇九（平成二一）年　九九・九％

江戸時代には二割程度だったとされる火葬は、明治維新を経て、大正から昭和になる時期に半数を超え、平成期に一〇〇％に限りなく近くなっていったのである。

もともと「死」にはケガレ（穢れ＝死穢）の意識があった。そのひとつの解決法が仏教と結びついた火葬であったのだが、他方、先祖を大事にするという観点（先祖祭祀）から、遺体に手を加える火葬を拒否する流れも強かった。日本では中世以降、葬法をめぐるこの対立がずっと続いてきた。そして明治初期、「事件」が起きる。「火葬禁止令」事件である。

近代化を進める明治政府は江戸期の寺請制度を排して神道による国家統一を図ろうとした。廃仏毀釈運動である。同時に仏教の流れをくむ火葬を止めさせようとした。これが一八七三（明治六）年に太政官布告として出された火葬禁止令だった。

ところが、都市計画の観点から東京府中心部での土葬も同時に禁止されたこともあって、埋葬できない遺体が東京にあふれかえることになった。みやこには土葬する土地はなく、火葬化がかなり進んでいたのである。

「どうしたらいいんだ！」と民衆が役所に詰め寄ったかどうかはわからないが、慌てた明治政府は一八七五年に禁止令を撤回するのである。政府が決めたことが、わずか二年でチャラになったというのは極めて異例な事態であろう。

撤回問題は、人口が集中する東京など都市部での墓地不足（土葬のための用地不足）を印象付ける結果となったが、その結果、政府は霊園を都市部の外に建設し始める。都市の外へ外へ、郊外へ郊外へ。さらに火葬禁止の撤回理由として、「伝染病対策」を前面に押し出した。ウソではないけれど、本質論から外れたごまかしであろう。お上、役人というのは、いつの時代でも取り繕うものなのである。

このあたりのことを、私は東京電機大学名誉教授の八木澤壮一先生から詳しく聞いた。八木澤先生は火葬場研究で栄えある日本建築学会賞を受賞した、この分野の先駆者で唯一無二の人である。温和な先生だが、このことについては、怒りをあらわにする。

「江戸時代は、戸籍を管理し、教育機関でもあった寺の存在が重かったわけです。そこで維新後の新しい政府は神道をもって統一して近代化を図ろうとしたわけですが、そのために、都市計画として霊園を中心部から遠くの郊外につくり、しかも火葬場は伝染病を処理する危ない施設と印象づけてしまった。本来、亡くなった大切な人との別れをする場所である火葬場が、『不吉な施設』になってしまった。以後、死を人々から遠ざけてしまった明治政府の罪はきわめて重いんですよ」

お上が何を言おうと、庶民は日々の生活を生きている。人口が集中した都市で寝棺を埋葬できる広い土地が必要な土葬しかできない、というのはどだい無理な話。現実離れしている。

ところが一方で、先祖を大事にしたいという気持ちはやはりある。現代にも通じるテーマであるが、この葛藤はどう処理されたのか。そこで重要な役割をしたのが、日本特有の「埋葬法」だった。このことは、茨城キリスト教大学名誉教授の森謙二先生に学んだ。著書にこうある。

〈国家法として『穢れ』の制度を廃止しながらも人々の間に色濃く残る穢れ意識と、きわめて儒教的に観念化された祖先祭祀、古代末において確立した火葬―埋蔵（納骨）という葬送のシステムこそが、この両者の矛盾を昇華させる方法であった。すなわち、近代以降、急激に火葬を受容した背景には、古代から中世にかけて（八世紀から一二世紀）、焼骨の処理方法として墳墓に埋蔵する方法を確立していたことがある。つまり遺骨を保存するという日本独自の方法をすでに発見していたために、祖先祭祀の思想が浸透していく近代日本においても火葬を受容することができたのである〉（『墓と葬送のゆくえ』）

なるほどなあ。火葬というだけでは、その遺骨なり遺灰なりを「まく」という選択肢が残されていた。しかし、そうではなくて、きちんとつぼにいれて埋葬し、墓をつくって大事にお参りするという仕組みを日本ではつくりあげていたから、みんなが火葬を受け入れられたのだ。

それでも、地方都市では長く土葬の習慣は残っていたが、平成期にほぼ一〇〇％、火葬となって、日本は火葬大国になったというわけである。ただ、この問題はまさに、「いま」のテーマでもある。「まく」という行為、すなわち、「散骨」が現代の葬送として注目されてきたからである。このことは、この本のいちばん大事なテーマとして、あとでじっくり考えてみたい。

ちなみに、であるが、日本では明治維新以後、急速に火葬が広まったと書いたけれど、お隣の韓国では、もっとすさまじいことが起きたと聞いた。二〇一七年のエンディング産業展で、東南アジアの五カ国の専門家が集まって議論するシンポジウムがあった。その中で韓国の乙支大学の朴順眞教授が示したデータによると、二〇〇〇年に三三・七％だった韓国の火葬率は二〇一五年には八〇・五％にまで急上昇したという。わずか一五年で、火葬率が一気に五〇ポイント近く増えたというのはすごすぎである。韓国社会はどうやってこれを受け止めたのだろう。都市部の土地不足がそれほど深刻だったということだろうか。

さらにちなみに、であるが、韓国では葬儀施設を併設する病院がかなりあるという。というよりむしろ、いい葬儀施設を持つ病院の人気が高い、という。亡くなったら一瞬でも早くご遺体を地下の裏口から運び出す病院が多い日本とはえらい違いである。韓国の医療機関は「死」をきちんと受け入れているということなのか。だとしたら、とてもうらやましい。

華やかな土葬

　ずっと火葬について考えてきたのだが、土葬の際に使うさまざまな道具、土葬具を見る機会があったことを思い出した。二年前、日本葬送文化学会の実地研修について行ったのだ。火葬率ほぼ一〇〇％の国だから、なかなか見る機会はないのだが、栃木の葬儀場の社長が律義に保存していたのを現地で見せてもらった。やはり、「現物」を直に見ていると、さまざまなイメージがわいてくる。当時、毎日新聞紙上で書いたコラムを見ていただきたい。

◆身じまい練習帳：いまどき土葬具を見に行く

日本葬送文化学会の野外研修に同行して、葬儀社が保管していた土葬用葬具を見に行った。三年前に、実際、土葬する遺族のお手伝いもしたらしい。「メモリアルホールおおの」がある栃木県鹿沼市は日光にも近い地方都市。大野益通社長（六四）がホールの一角に、葬列、土葬に使う葬具一式を並べて待っていた。目を引いたのは「たて棺《かん》（＝座棺《ざかん》）」。縦横四五センチ、深さ九〇センチの木の箱に、座った姿勢で遺体を入れ、オサヤ（お鞘《さや》）という装飾した木の覆いをかぶせ、二本の棒に載せて四人で担いだという。

墓所まで遺族らが歩く葬列の順は、この地域では「花輪」「ちょうちん」「竜辰《りゅうたつ》（勇壮な「竜」の飾り）」「生花」などの順。そのあと導師が先導して遺影、位牌《いはい》を持って並び、「たて棺」の後に遺族・親族が続いた。竹で編んだ「花籠」には細かくちぎった色紙や菓子、小銭を入れておく。ふり回すうちにそれらが落ちて、子供たちが争って拾う。寝かせた状態で納める「寝棺《ねかん》」も使われた。

地域が持ち回りで執り行う土葬に欠かせないのは「床番《とこばん》」と呼ばれる「穴掘り」

役。重労働のため丁重に扱われ、仕事を終えて彼らが風呂から上がってから、精進落としの宴会は始められたという。社長の説明を聞くうちに、当時の葬送風景が目に浮かんだ。「死」は悲しい。けれど、その形式第一の非日常性は、村の人の心を浮き立たせたろう。

三年前、「ぜひ土葬でお願い。母の遺言なんです」と相談された。一九九〇年代以降、土葬用具は一度も使っていなかったが、大野社長は快諾。菩提《ぼだい》寺は山の中腹にあった火葬の墓を土葬用に掘り直すことを許可し、なんと床番役も地域から出て、八人で寝棺を中腹まで運んで、無事、おばあさんの遺言はかなえられたという。

大野社長はいま、この三〇年の葬送の大変化を実感している。そもそも葬儀社は葬具を用意する物販業「葬具屋」だった。それがホールで式を執り仕切るサービス業に。「昔には戻れませんが、もう少しだけ、亡くなった方に気持ちが向く式になればなあ、と」

（毎日新聞二〇一六年七月四日掲載）

村八分の「のこり二分」

昔、日本の村社会では、どんな「ワケあり」な家であっても、「ハナツマミ」の家でも、火事の消火活動と葬式の世話はみんなが手を貸した。それ以外の八つの行事、結婚式とか出産とかは仲間に入れなかった、それが「村八分」の由来である。火事は放っておけば周囲の家に延焼するし、死人が出てそのままだと疫病が広がったりする。それを避けるための共同体における自助防衛策だった。葬儀も人手がかかり、村総出のイベントだった。その一方で、華やかな装飾の土葬具を眺めていると、悲しいはずの葬儀というイベントが何となく明るく感じる。子供には菓子とか小遣いまで配られて、にぎやかな雰囲気をかもしている。それはもしかしたら、いまとはちょっと違うけれど、昔の人にとって、自然な感じの集団グリーフケアだったのかもしれない。

それから、遺体を墓や火葬場に運ぶ「葬列」というものも、具体的にイメージできた。野辺送りである。列の並ぶ順番が決まっていて、先頭を行く者がその家を継ぐとか、前のほうがその家に近い親戚筋、後見人とか、そういう関係性が周囲に告知されていったのだ。

ただ、明治期になると、とくに都市部でこの葬列は富裕層が財力をひけらかして大掛かりで華美になっていった。すると、「交通のじゃまになっている」などという社会的な批判も多く出て、しだいにすたれていく。それに代わって登場するのが、「告別式」である。

国立歴史民俗博物館の山田慎也准教授によると、人の「死」には①生理的な死②文化的な死③社会的な死——があって、それに呼応する形で、葬儀には三つの要素があるという。

①遺体＝肉体的転換
②霊魂＝文化的転換
③遺族＝社会的転換

ここでいう「転換」とは、「新たな関係性の構築」といえるだろう。まず生きていた人が亡くなると土葬したり火葬したりする。それはそのままだと腐敗していくので、人の尊厳を守るために必要なことだった。

そのことを前提として葬儀が執り行われ、「あの世」に「ホトケ」となって旅立つと仮想する文化的な要素があり、そして、その家は誰が継ぐのかなど、社会的な位置づけの変更を広く告知する役割を持ってきた。その中には戸籍とか相続手続きなども含まれる。告別式はもちろん③のためのものだ。

私なら、もうひとつ付け加える。

④悲嘆＝感情の転換

肉親や近しい人の死は悲しい。その悲嘆を伝統様式に則って時間をかけて折り合いをつけていく、そういう要素もあるのだと思う。

日本初の告別式

ちなみに、大都市部を中心に通夜と葬儀、告別式がぐちゃぐちゃに混同されるようになった。本来ならば、通夜は親族が喪に服し悲しむための時間であり、「葬儀式は主として宗教的儀礼を伴う死者をあの世に送る儀式、告別式は参列者や会葬者が死者にお別れをする社会儀礼」（前出『葬儀概論』）である。

ところが、忙しい都会人たちは、遺族の悲しみの時間を無視して通夜のほうにずかずかと参加し、地方からきて帰らなくてはならない親族のためなどとして時間が短縮された。初七日をその日のうちに行うこと（「式中初七日」などと呼ばれている）も当たり前となった。みなさん忙しいし、特に会社がらみの葬儀の影響があったのだろう。故人は直接知らぬが会社の付き合いがあるから、「とりあえず顔を出しておく」感覚で。そうして葬儀は本来の意味を失っていった。

現代における習俗は、ほぼすべて時短と簡素化の圧力を受ける。野辺送り、葬列といった時間も労力もかかる儀式がまずすたれ、告別式や霊柩車というものに取って代わられた。それがさらに、昔は主流であった、車に輿を乗せたような宮型霊柩車が敬遠され、告別式が会社関係の葬儀から切り離され、身内でこぢんまりと執り行われる家族葬のようなものに変容していくのである。このことは、次章で詳しく考える。

さて、この告別式を日本で最初にやったのが中江兆民だということはあまり知られていない。ルソーの『社会契約論』の部分訳『民約論』の翻訳者として知られる思想家、ジャーナリストである中江兆民は一九〇一（明治三四）年、がんで医師から「余命一年半」という宣告を受け、無神論の立場から『一年有半』を著し、さらに続編まで書いて死生観を披露し、当時の社会風潮を批判した。その鋭い筆先は宗教的習俗に向き、こう書いた。

〈余は法案を設けて一切火葬となし、各人携えて去りたる余は骨と灰とを一所に堆積し、毎月日を定めてこれを海中に投棄せしめんと欲す〉

いやはや。さすが、希代の批判家、兆民先生である。兆民はその年の一二月に五四歳で亡くなった。当時の新聞広告は、盟友、板垣退助らが連盟で出し、こう書かれていたという。

〈遺言に依り一切の宗教上の儀式を用ひず候に付来る……〉

(村上興匡先生の論文『中江兆民の死と葬儀—最初の「告別式」と生の最終表現としての葬儀』から一部を引用)

東京・青山で行われた葬儀そのものは、仏教形式の部分を取り除いただけでふつうの儀式とさほど変わらなかったとされるものの、著名人の「無宗教葬儀」は社会に衝撃を与え、告別式形式は少しずつ広がってく。ただ、それが大衆レベルにまで波及するのは昭和期になってからだという。

唯物論的な死生観を振りかざした兆民先生は「霊魂は信じない」の姿勢が一貫しているようだ。だから、遺作となった本にも「骨と灰を…海中に捨てたい」と書くのだった。このことはとくに興味深い。現代の海洋散骨にも通じる考え方は、先生のように「霊魂の存在」を信じるか信じないかで決まっていくのだろうか。このことも、あとでじっくり考えていきたい。

葬儀もイケイケだった昭和

ここまで、近世からおおむね明治期まで、土葬から火葬に移行していきながら、日本の葬送、つまり墓や葬儀というものがそれに合わせて変化してきた過程を、雑学風にたどってきた。日本のほとんどの人たちが一次産業に従事していた時代は、地域の結びつきも当然強く、誰かが亡くなったら村のみなさん総出で葬儀をし、葬列をして、土葬した。そして、黒船がやってきて明治維新。西欧に追い付くための近代化、殖産興業で産業の構造が変わっていく。武家社会は終わりを告げ、明治民法によって社会の基本単位は「家＝イエ」になった。いまに続く「○○家之墓」という形態は明治以降であるから、よくよく考えてみれば百数十年の伝統しかないことがわかる。少なくとも、日本固有の伝統、というほどのものではない。

明治政府の火葬禁止令は都市部の人たちのパニックを招き二年で撤回されたものの、土葬は長く続いた。火葬率が五〇%を超えるのは、昭和期に入ってからである。いま五〇歳以上の人は、生れた場所にもよるが、土葬というものを記憶している人は多いだろう。前に示したように一九七五（昭和五〇）年になってやっと、八五%を超えるのである。

葬儀も当然、土地に根差した土葬に付着し、仏教の影響の中でできあがっていた。葬列がメインイベントだったのが、近代化・都市化の波にさらされて、いまに続く葬儀・告別式という形態に徐々に変わっていく。ただそれも、兆民先生の無宗教スタイルがそのルーツというのだから、歴史は一〇〇年そこそこしかないのである。

さて、それから昭和期はどうだったのだろう。この時代は、内外に甚大な被害をもたらした戦争と、「奇跡の」と形容される戦後復興、高度成長とに特徴づけられる。だとしたら、葬送もその影響を受けないわけはない。墓や葬儀も戦争と経済復興によって変化した。

ひと言でいえば、盛大化し華美になったのである。私は葬送ジャーナリストの碑文谷創さんが「二つの悔い」という言葉で、そのことを説明するのを聞いた。一つ目は戦争の影響である。著書にこうある。

〈経済復興により、特に六〇年代から始まる高度経済成長期以降、人々が「人並み」の葬儀を志向し、立派な葬儀を出すようになったのには、戦時中あるいは敗戦直後の混乱期に、死者をまともに弔うことのできなかったことへの悔いもあったろう。その過去の死者への悔いが、必要以上に葬儀の大型化を招いたように思われる。弔う気持ちの大きさを祭壇を大きくすることによって競うかのような状況が生じた〉

（『死に方を忘れた日本人』大東出版社）

徴兵されて戦地に行き、木箱一つで帰ってきた人たちがいる。遺骨も遺品もなく、ただ石ころがころんと入れられただけというケースもあった。あるいは、数百万人の餓死者が出るとまでいわれた敗戦直後の荒廃の中で、生き延びることに必死で、戦争に行って亡くなった縁者に気持ちもカネも向ける余裕がなかった、その悔恨があったろう。何もしてやれなかった、と。そうした人々が、朝鮮戦争特需をきっかけに所得が倍増していき、少しずつゆとりをもつようになったときに、「墓や葬儀はせめて人並みにきちんと行い、おカネをかけたい」と思ったことは想像に難くない。そうして祭壇の段が高くなり、葬儀は華美になっていった。

バブル崩壊と葬送

研究者たちによると、「社会が豊かになるときには、墓や葬儀にカネがかけられる」というのは、洋の東西、政治体制を超えて、一種の社会法則のようなものだという。日本葬送文化学会の研修に同行して二〇一六年、中国の葬送事情を調べたとき、それを実感した。万里の長城の近くに広大で新しい霊園があって、故人の写真が彫られ近くに銅像まで置かれた個人墓が林立するのをみて度肝を抜かれた。経済成長著しい中国はまさに、空前の葬送ブームだという。東南アジアも同じ傾向にあるらしい。

碑文谷さんのいう「悔い」のもう一つは、「きちんと悲しめなかった」という悔いである。葬儀が地域コミュニティの中で運営されていた時代、会葬者は当然、知り合いばかりで、数も一〇〇人程度だったろう。ところが、高度成長期以降、社葬がよく行われるようになってふつうの葬儀で三〇〇人程度まで膨らんだという。しかも、そのうち血縁者や故人面識がある人は三割程度だったらしい。あとは、故人が勤めていた会社関係の人たち。だから七割は遺影の人を知らないで集まっていた。しかも、前述のとおり、遺族が悲しむべき時間である通夜に大挙して押し寄せることが一般化していった。

だから、高度成長期以降の日本の葬儀は華美をきわめたものの、いつの間にか、いちばん悲しみたいときに悲しめず、泣きたいときに泣けない様式となってしまった。そのうえ、病院で亡くなったらどこからともなく葬儀社のスタッフが現れ、どたばたの中で、なんとなく高いカネを払わされている感覚がつきまとった。いや、それは葬儀社が悪いとかいうのではなく、国民みんながある種の高揚感をもって過ごしていた高度成長期に、どこかケガレ意識を引きずり、あるいは、火葬場研究の第一人者八木澤壮一先生にいわせれば、「お上の悪だくみ」によって、日本人は「死」に向き合ってこなかったせいといえる。

碑文谷さんはこう書いている。

〈奇妙なこと、というべきだろうか。葬儀が盛大になるのと反比例する形で、死・葬儀自体を論じることが社会的に忌避される傾向になったのである。
しかし、幾多の不況の影響を受けなかった葬儀も、九二年のバブル崩壊から続く不況は違った。これを機に葬儀は大きく変化を開始したのである〉

（『死を忘れた日本人』）

「○○家之墓」が実態に合わないなぁと、思いながらも黙っていた。悲しむべき葬儀で悲しめないと感じていたし、料金も不透明に高いと不満だった。だけど、そんなもんだ、しかたないのかなあとスルーできたのは、戦後経済復興のあとの、豊かさの頂点ともいえるバブル経済期の喧騒の中だったから。お祭り騒ぎで考えなくてよかったからだ。泡（バブル）が文字どおり淡くぱちんと弾けたとき、みんなが墓や葬儀について、真剣に考え始めたのである。いや、というよりむしろ、目が覚めて、そして問題に直面したのである。

第Ⅳ章

葬儀が自己責任になるまで

～平成の葬送大激変

葬儀への不満

前章では、近世から明治期、そして昭和という時代にかけて、命を終えた人の弔い方がどう変容していったか、その経緯についてみてきた。

大きくは、地域に根差した土葬中心だったものが、しだいに火葬となっていった。ただ昭和期も戦後に限定してみてみれば、火葬の割合は増えていったものの、「〇〇家」と彫られた墓にしても、告別式にしても、外形的なカタチにはあまり変化はなかったといえる。葬儀は規模がふくらんだり華美になったりしていった。それはナカミ（内容）の変化だったといえる。

なぜそうしたナカミの重厚化になったかについては、前述したとおり、世界中で共通ともいわれる、「経済成長と葬送の重厚化は連動する」という社会法則でも説明できるのだろう。社会は豊かになると、祖先を思い、葬送に手もカネもかけるのである。

戦後の日本は、農・漁業を中心とした一次産業から二次産業へと、産業構造を大きく変え、それにともない人は地方から都市部へ移り住む。家族形態も核家族、ニューファミリーとよばれるものになった。いまに続く、人口の一極集中と地方の衰退である。地域が担っていた葬送も変容せざるをえなかった。

かわりに登場したのは会社が絡んだ葬儀である。葬儀を主導するのが、都市部では特に、地域コミュニティから会社に変わっていった。

戦後の日本の会社は、高卒・大卒の若者を一括雇用して年功序列・終身雇用した。「みんな一緒」の意識を前提にした。それは、大量生産大量消費時代の工業化の進展を支え、モノづくりの効率を追求するためには、理にかなったものだったのだろう。会社は社員を囲い込んで、ある意味、とても「面倒見のいい」組織となった。そうして、会社は社員の葬儀の面倒をある程度みるようになる。トップの葬儀は社葬となって、会社機能で仕切られた。それは「総務課」の最も大事な仕事だった。平社員でも、葬儀の情報は総務課が握っていた。中には社員のために企業墓と呼ばれる合葬墓までつくる企業も出た。まさに「入社から墓場まで」の世界である。

むかしは、村総出のイベントだった葬儀というものが、この時代は社員総出とまではいわないまでも、会社がある程度人手を出して支えた。葬儀は仕事の延長線上にあった。義理やお付き合いもあったろう。取り引き先にも会社から連絡が入る。出たくなくても出ないわけにはいかない。それが仕事でありルールだった。そして葬儀が済むと社外の人はそそくさと帰り、そのあと、用意された別室で、社内の派閥、グループごとに集まっておしゃべりをした。酒を飲みながら。ときに笑い声も聞こえた。お別れのための儀式ではなかったか。遺族が悲しむ空間はどこに行ったのだろうか。いや、会社がらみの葬儀だけではない。昭和の末期まで、日本のほとんどの葬儀が、遺族の手を離れ、目に見えない社会のルールによって「格づけ」され執り行われていたと、私は思う。言い過ぎだろうか。

いまの若い人たちには信じられないかもしれないが、少なくとも一九八〇年代までは、これが当時の、葬儀の常識だった。みんな「そういうもんだ」と思い込んでいた。ひとことでいえば、葬儀は形骸化していた。

誰も納得はしていたわけではなかった。どこかおかしい、間違っていると感じていた。病院で亡くなるのが八割の時代。亡くなったら葬儀社の担当者が病室や霊安室、自宅にやってきて、どたばたの中、葬儀の話をし始める。費用のことなどわからずに、だいたいの「格」が提示されて決められた。あるいは、亡くなったら、まず会社の総務課に電話したケースも多かったろう。

伊丹十三が監督した「お葬式」という映画が大ヒットしたのは、一九八四年である。あの映画でいちばん私の印象に残っているのは、三代目の江戸屋猫八演じる、サングラスをかけた怪しげな葬儀社員の姿である。初めての葬儀で途方に暮れる主人公に「葬儀の格」についてこんこんと諭すシーンである。「松、竹、梅とありまして……お宅様は……」、確かそんなふうなセリフだったと思う。葬儀屋に対する、ふつうの人の印象をそのまま表現していた。不気味で得体がしれなくて、だけど頼りにせざるを得なかった。ブラックユーモアのきいた作品は、日本アカデミー賞はじめその年の映画賞を総なめにした。

戦中、そして終戦直後に多くの人が感じた「ろくな供養もできなかった」という悔いがあり、戦後、高度成長期をへて余裕が出てきて「手厚く弔いたい」という気持ちが強くなった。ここまでは良かった。だけど、そのあと、「手厚さ」に対応するのが、いつの間にか勝手に決められた所属する会社と家の「格」であり、大勢で豪華にすることがそうだと勘違いしたと言ったら言い過ぎだろうか。弔うことの本質について、あるいは弔う心について、深く考えなかった。誰が始めたかわからない葬儀の華美化と重厚化がいつの間にか当たり前となり、誰も止められなくなっていった。

平成の大激変

昭和天皇は一九八九年一月に亡くなられ、昭和という時代は終わった。歴史というのは不思議なもので、ベルリンの壁が崩壊したのも、同じ年の一一月。そして九一年末にソ連が崩壊し東西冷戦は終結していく。バブル景気で戦後の復興を完了した日本も、冷戦という深刻な対立を乗り越えた世界も、一九九〇年の前後にときを同じくして、さらに大きく変容していくのである。まことに不思議なことだが、日本の葬送もこの流れにシンクロするようにして、九〇年前後から、大激変が始まっていく。

それを象徴するのか、以下の三つの出来事であった。

①合葬式共同墓「安穏廟」の建設　＝一九八九年

新潟市にある角田山妙光寺の住職だった小川英爾さんが、「檀家制度に頼っていたら、過疎地の寺に未来はない」とし、新しい寺のカタチを模索。その結果、いまでいう「墓友」を首都圏などから募って敷地内に新墓地を建設した。一〇八基の個墓を円墳形に配置し、時間がたてば中央の大きな墓で合葬していく。しかも、永代供養費の一部を基金化して運用益で墓地を維持管理するシステムまでつくりあげた。都市部の「新会員」と檀家たちが、毎年夏、「フェスティバル安穏」というイベントを通じて交流し、関係性を深めていった。

②都市型合葬式共同墓「もやいの碑」の建設＝一九八九年

「地縁・血縁を超えた新しいネットワークを」と都市社会学者の故・磯村英一・元東洋大学長が提唱。松島如戒さんが中心となって、船と船をつなぐ意味の「舫《もや》い」からとって合葬墓「もやいの碑」を東京・巣鴨の寺につくった。安穏廟同様、ここでも「もやいの会」をつくって生前からの関係づくりを重視したが、その後、「墓をつくっただけでは、誰かに託さなければ納骨はできない」という声が強まり、生前契約を請け負うNPO「りす(Living Support Service)システム」の設立につながっていく。生前契約とは「自分の葬儀などについて、生きている間に決めておいて第三者に委託する」こと。米国では「プリニード(Pre-need)」と呼ばれ、すでに一九六〇年代から始まっていたものの、日本国内では当時、ほとんど知られていなかった。

③「葬送の自由をすすめる会」による散骨実施　＝一九九一年

会の名前の通り、弔う方法は自由であるという主張を基本に、環境にも配慮した「散骨」を提案する市民の団体である。一〇月に神奈川県相模灘で初の散骨を実施した。これに対して、墓地以外での埋蔵を禁止している墓地埋葬法を所管する厚生省（当時）が「散骨は墓埋法の対象外」とし、法務省も「節度を持って行われる限り問題ない」との見解を示した。これにより、「自然に帰りたい」という人たちの散骨ブームが始まった。

「現代日本葬送史」という本がもし書かれるとしたら、この三つの出来事は必ず登場するはずである。だが、当時取材していた感覚からすると、驚きである。まさかこの三つの出来事が発火点となり、いつしか大きなうねりとなって日本の葬送の根本を変えていくことになろうとは、そのときは思ってもいなかった。

妙光寺の小川住職はそもそも檀家制度に危機感を感じて寺の将来を案じて運動を始めたし、「もやいの碑」を建てた松島さんと話していて感じたのは、当時、公立の霊園は承継者がいないとはねられていたから、シングルの人たちは墓をなかなか安価には持てなかった。そうした独身女性を支援するための運動だと思い、そういう記事を書いていたのだった。散骨にしても、戦後のビッグスター石原裕次郎が希望していた話もあって、「著名人のぜいたくな希望」くらいの認識しか私にはなかった。自らの不明を恥じなくてはならない。

三つの出来事とも、ふつうの人たちが心の底ではふつうに考えていた葬送への不満や不安を、みごとに先取りして道を示していたのだった。私も含めメディアは「ちょっと変わった出来事」を紹介したが、その小さな変化は、華美に走った葬儀式に異常なほどカネをかけたことの反省といったレベルを超えて、葬送における徹底的なカタチの変容を促すものになっていったのであった。

カネがかかるだけ

昭和の時代、外見上のカタチはさほど変わっていなかったものの、墓や葬儀に対する一般市民の「不満」は高まっていたのだ。何のためにやるのか。誰のためにやるのか。なぜこんなにお金がかかるのか……。その不満、憤懣は八〇年代末、爆発寸前だったといっていい。バブル経済のときはまだ良かった。景気が良ければ、葬儀に対する庶民の支出も

「まあ、しょうがない」で済んでいた。

しかし、九一年にバブル経済が崩壊した。それは日本の資産が一時半減するなど、強烈なインパクトを与えた。そしていきなり、「失われた二〇年」の景気後退期に入り、経済格差が深刻になってゆく。そうした中で、「意味のないカネは使わない」という意識が強くなる。いや、むしろ「カネがないから使えない」といったほうが実態に近いかもしれない。葬送に関する支出は、そんな庶民感覚の標的となったといっていい。理解不能な「格」によって葬儀の規模が決められたり、どんぶり勘定、明細不詳の葬送費用への批判が高まっていく。一方、バブル期の土地価格の高騰によって墓の購入費用も跳ね上がっていった。死んでからも、こんなにカネがかかるのかと、多くの人が思い始めた。そのうえ死亡年齢が高齢化している。会社をリタイアして二〇年以上たってから死を迎える時代になり、葬儀費用を十分に用意しておくことがむずかしくなっている。

さらに、そのバブル景気の中で踊った一部の僧侶への批判もここに加わったといっていいだろう。「葬式仏教」とはもともと葬儀を仏式で行うという中立的な言葉だったのだろうが、「(心の伴わない)葬式しかやらない仏教・僧侶」という意味で使われ始める。お布施って何? 戒名って本当に必要なものなの? こうした切実な声に、仏教界からは「公式見解」しか出てこなかった。「法外な布施を要求された」「断ったら、来てもらえなくなった」などという、現場で起きていることの悲鳴にきちんと応えていないのである。

平成期に入ってからの葬送の激変は、まずは切実な「カネ」の問題から始まったというのが私の見立てである。

もちろん、葬儀とか墓には、前章で触れたように、社会的文化的な側面や悲嘆の処理というような機能もある。だけどそうはいっても、墓も葬儀も、人の営みの中にある。平成期に入るとほぼ同時に始まった景気低迷の中で、庶民は生活に余裕がなくなり、そう何度もあることではないにしても、葬送の問題に必ず直面した。その都度、墓や葬儀に何十万、何百万円もの出費がかかることは許せないのであった。「？」マークがついたのだった。疑問符が付き、「当然やるべきこと」という社会的な合意が薄れていったとき、それまで「伝統」と思ってきたことがそうではなかったことに気づき、しかも、本当に自分たちのためになっていないことがわかったのだった。葬送の意味の喪失である。葬儀って何のためにするの？　墓って役に立つの？　そんなもん、カネがかかるだけじゃない……。そうした素朴な疑問に、仏教界をはじめ誰も腹に落ちる回答を示せなかったのだった。

家族が変われば葬送も変わる

葬送激変の背景には、実は、もうひとつ大事な要素がある。家族の変容である。よく言われていることではあるが、日本社会の「少子高齢・多死・単身社会化」である。これが少なからず、影響を与えている。

具体的なデータをみてみよう。まずは高齢化である。

【平均寿命】

〈一九四七年〉 **〈二〇一六年〉**

男　五〇・〇六歳　↓　男　八〇・九八歳

女　五三・九六歳　↓　女　八七・一四歳

終戦直後、「団塊の世代」が生まれた最初の年には、五〇歳そこそこだった平均寿命が、約七〇年間で三〇年伸びた。主に医療の発達によるのだろうが、まさに奇跡、素晴らしいというほかない。敗戦という大きな困苦の中から、社会が見事に立ち上がった証拠でもあろう。

ただ、国民を年齢順に並べたゴムバンドを想像するならば、当時おおむね五〇歳で終わっていたゴムバンドの端が一方のほうに引っ張られてびーんと伸びた格好である。むかしは五〇歳といえば、立派な「年寄り」だった。「隠居」なんて言葉もあった。ところが、バンドが引っ張られて伸びた結果、五〇歳は真ん中よりちょっと上の年齢層ということになる。人生の峠は越えたもののまだまだ働かざるを得ないのである。いまの時代、高齢者として認められるのは、たぶん七五歳すぎてからだ。最近はよく「人生一〇〇年時代」などと言われるようになってきた。ぞっとするね、そんな声もちらほら聞こえる。

高齢者の高齢化

まったくの余談だが、漫画・アニメの「サザエさん」で出てくる磯野波平さんは五四歳、フネさんは五二歳であるらしい。カツオ、ワカメの「おじいちゃん」ではなくて「お父さん」なのである。いちばん初めの連載開始が一九四〇年代だというから、当時の五〇代像はそんなものなのだろう。「サザエさん」をまったく知らない子供に、波平さんの絵を見せて年齢を当ててもらったら、たぶん、六〇代というはずである。

もうひとつ、いまの日本の高齢化の特徴をよく表すデータがある。これは第一生命経済研究所主席研究員の小谷みどりさんがよく講演などで紹介している。

【八〇歳、九〇歳以上で亡くなった人の割合】

〈二〇〇〇年〉　〈二〇一六年〉

（八〇歳以上）

男　三三・四％　↓　男　五一・六％

女　五六・三％　↓　女　七三・八％

（九〇歳以上）

男　七・五％　↓　男　一四・二％

女　一九・六％　↓　女　三七・二％

いやはや。二〇〇〇年の段階で、すべての亡くなった人の中で、八〇歳以上の男性は三三・四％、三人に一人だった。ところが、二〇一六年には半数になった。わずか一六年で。女性はもう七割以上である。

何を言いたいかといえば、ひと口に高齢者といってもイメージが変わってきている。私たちが頭で想像している像より、もっと年を重ねているということである。最近では「高齢者の高齢化」「超高齢者」などといわれている。

葬送分野に引き付けて考えれば、平均寿命がぐんと伸び、しかも、高齢者の高齢化が進むということは、葬儀が縮小する、ということにほかならない。会社がらみの葬儀でも考えればわかる。会社をたとえば六五歳で定年したとして、二〇一六年の平均寿命まで生きたとして男性なら八〇歳である。一五年もたってしまえば、亡くなったOBを知っている人は社内にほとんどいない。いても、その人だって定年間際の人だろう。総務課が動くはずはない。いま会社が葬儀から手を引いたのは、そういう背景もある。

もっといえば、八〇代、九〇代の人たちは、体が不自由になっている割合が高い。元気にアクティブに動ける人はごく少数派といっていい。多くは介護施設か病院にいるのだろう。この年齢層の人たちは、葬儀に行きたくても行けないのだ。義理もあるし、線香ひとつ上げに行きたくてもスタッフにお願いしなければならないので泣く泣くあきらめているのだろう。

ドライブスルー葬儀

二〇一七年末、長野県上田市にある上田南愛昇殿という葬祭場が「ドライブスルー葬儀システム」というのを始めた。初めて耳にしたとき、ちょっとイヤな感じがした。「スルー」という言葉の語感が「なにもしない」に通じるから、奇を衒《てら》った話題づくりだろうと思ったのだ。ところが、ここの荻原政雄社長と話してみて、間違いだと気づいた。

「これって、体の弱ったお年寄りのためのサービスなんです!」

サービスを始めるきっかけは、施設にいるお母さんが車いすで生活しているのを何気なく見たとき。「車さえあれば、九〇歳の母でも知り合いの葬儀に出られる!」とひらめいた。高齢者は葬儀と聞けば、本当は参列したいのだ。参列して親戚とか知り合いと話をして、悲しみを共有すると同時に心が華やいだりもする。だけど、施設のスタッフに車を出して連れて行って、葬儀が終わるまで待っていてくれ、とはとても頼めないからあきらめているだけなのだと。

参列したくてもできなかった人の気持ちにこたえたい。企画会社と協議を重ねて、「車を降りずに参列できる」システムを練り上げた、それが「ドライブスルー葬儀システム」だった。ちゃんとスタッフが出てきて、焼香もできる。また、中の式場に焼香姿がモニターに映し出されて、喪主は「あっ、あのおばあちゃんも来てくれたんだ」と確認できる。至れり尽くせりである。

むかしの高齢者たちはシキタリとして葬儀には出た。地方にはまだ、そうした高齢者は多いから、しばらくの間はいいシステムとして重宝がられるだろう。でも、もうそんなにしてまで、葬儀に出たいと思う人は、少なくとも都市部にはいない。だいいち、遺族も葬儀・告別式をやらず家族葬で済ませているのがふつうだし、新聞の地域面の訃報記事も昔ほど大きくない。

さびしい高齢者

日本では「少子高齢・多死・単身」が進んでいると書いた。このうち団塊世代が年を重ねて「多死」になっていき、葬送業界に異業種からの参入が相次いでいることも、すでに触れた。

さて、葬送激変の背景にある、平成期の家族の変容について、忘れてはならないのは最後の「単身化」の観点であろう。このことについても、第Ⅰ章の特殊清掃のケースにふれる中で、データを示して考えてきた。国立社会保障・人口問題研究所の推計で、二度目の東京オリンピック開催の二〇年後に、単身世帯が四割になるという。そのまわりには、「夫婦二人暮らし」という「単身予備軍」もいる。

いや、単身だから、ひとり暮らしだからといって、それがそのまま葬送の風景を変えていくということにはならないだろう。だけど、日本の高齢単身者はすこぶる孤立していると私は感じる。統計をみてみよう。

内閣府が実施した「高齢者の生活と意識に関する国際比較調査」（二〇一五年）というのが興味深い。高齢者が主に人間関係などについてどう感じているのか、日本とアメリカ、ドイツ、スウェーデン三カ国で比較調査している。

まずは「近所との付き合い方」を聞いている。「その他」も含めた八項目からの選択なのだが、日本はこの順番だった。

【近所の人たちとの付き合い方】（丸数字は順位）

①外でちょっと立ち話をする程度……六七・三％
②物をあげたり、もらったりする……四一・九％
③お茶や食事を一緒にする……二四・二％

どことなく、付き合いの浅薄さが匂う。よそよそしい感じだ。逆に、相談とか助け合いなど濃厚なかかわりを要求されると、数字は減ってくる。

④相談ごとがあった時、相談したり相談されたりする……一八・六％
⑦病気の時に助け合う……五・九％

ちなみに、アメリカは「相談ごと」が二位（二八・三％）、「病気」は三位（二七・〇％）である。ほかの二カ国もほぼ同様の傾向といっていい。もちろん、医療制度などは違うから、単純な比較はできないが、数字だけながめていると、やはり日本は近所との心理的距離が遠いように思えてくる。

もうひとつ、同じ調査は友人関係についても聞いている。友人を「同性」とか「異性」で分けて聞いているが、単純に「いずれもいない」と回答した割合を挙げてみる。


【「親しい友達がいない」割合】

①日本	二五・九%
②ドイツ	一七・一%
③アメリカ	一一・九%
④スウェーデン	八・九%

日本の高齢者はダントツの高さだといっていい。ちょっとお茶をしたりはするけれど、特に相談ごとをしたりされたりする関係の友達はいないし、そもそも親しい友達という存在が四人に一人は「いない」というのだ。

私がなぜ、ここでこうした調査データをもってきているかといえば、近隣との人間関係の濃淡はそのまま葬儀などの葬送に影響すると考えるからである。葬儀をしなくなったから人間関係が薄くなったのか、人間関係が薄れたから葬儀もしなくなったのか。それはわからない。たぶん、同時に起きてきたのだろう。

では、近隣ではなくて親子関係はしっかりしているかといえば、そうもいえないと思う。いま、空前の「終活ブーム」といわれているけれど、キーワードは「子供に迷惑をかけたくない」である。親子関係でも、近所づきあいでもいい。誰かと付き合い、関係性ができたなら、迷惑も「お互い様」のはずである。迷惑をかけたくない、とまず言ってしまったときに、そのツルツルとした摩擦のない関係性が本当にいいのかどうか。このことは、大事なことなので、最終章でもう一度考えたい。

それにしても、さびしい日本の高齢者である。だが、ここでさらに強調しておくべきことは、とくに、高齢男性の孤立である。国立社会保障・人口問題研究所が公表した「生活と支え合いに関する調査」（二〇一二年）は「家族間の支え合い・生活困難の状況・震災の影響」という副題がついている。この中の〈人と人とのつながりの状況〉という項目の中の注目すべきデータを改めてここに示しておきたい。

【電話の回数頻度】

Q：あなたはふだんどの程度、人（家族を含みます）とあいさつ程度の会話や世間話をしますか（電話での会話も含みます）

〈六五歳以上の単身世帯の男性〉

A：「二週間に一回以下」　一六・七％

私はこのデータを初めて見たとき、息を飲んだ。電話も含めた世間話の頻度を聞かれ、六人に一人の六五歳以上のひとり暮らしの男性が、「二週間に一度、あるかないか」と答えているのだ。あいさつも入れていいのだから、もしかしたら、外出もあまりしていないのだろうか。あるいはコンビニに直行してそのまま、黙って帰る日々なのか。見るともなくつけられたテレビが一日中ついているのか。社会との接触をあまり積極的にしない人たちは、たぶん、葬儀や墓にも関心はないだろう。

男性はヤバい、と思う。女性は、いまの日本のオトコ社会の中で、ずっと苦労しながら、コミュニケーション能力を否が応でも身に着け、磨いてきている。一方、男性は会社にいたら肩書だけで奉られてきた。いまはもうそんな時代ではないけれど、少なくとも昭和期はそうだった。だから、自分から積極的に話す必要はなかった。そういう層が高齢層になって、ひとり暮らしをしているのが、平成の時代だったのか。そしてこれから、さらに高齢者の高齢化、ひとり暮らし期間の延伸が顕著になってくのだろう。

平成葬送「事件」史

さて、ここで、元号が平成になってから、葬送の世界にどんなことが起こったか。「葬送事件史」のようなものを列挙してみたいと思う。参考にしたのは、葬送ジャーナリストの碑文谷創さんが雑誌「ＳＯＧＩ」の最終号（一五四・一五五号）に掲載した「葬送年表（「人の死・葬送を歴史のコンテキストで読む」）」である。地球誕生・生命誕生から説き起こすこの年表は、激動の平成期の葬送をずっとみつめ続け精神的にリードしてきた碑文谷さんにしかつくれなかった労作であると思う。

一九九〇年前後に起きた三つのエポックについては、前述のとおりであるが、念のために、再掲しておく。

▼一九八九（平成元）年

○新潟・合葬式共同墓「安穏廟」の完成

○都市型合葬式共同墓「もやいの碑」完成

▼一九九一（平成三）年

○「葬送の自由をすすめる会」が散骨実施

平成元年は一九八九年。ここから、葬送の激変が始まったのである。

▼一九九三（平成五）年

○青木新門『納棺夫日記』（桂書房、のちに文藝春秋）刊行　死に対する差別意識や現場の様子を詳細に描いてベストセラーに

○「りすシステム」がサービス開始。葬儀の生前契約から始まり、高齢者の生活支援を手掛けるＮＰＯに

▼一九九四（平成六）年

○日本遺体衛生保全協会（ＩＦＳＡ）設立。エンバーミングの自主基準制定

▼一九九五（平成七）年
○無宗教形式の「お別れの会」「偲ぶ会」が行われるようになる。
○首都圏では祭壇の主流が輿型祭壇から生花祭壇へ。通夜の会葬者が告別式の会葬者を上回る傾向が顕著に

▼一九九六（平成八）年
○井上治代『遺言ノート』（ベストセラーズ）刊行。現在の「エンディングノート」ブームの先駆けとなる

▼一九九九（平成一一）年
○墓地埋葬法の施行規則が改正され火葬場での分骨証明、無縁墳墓の改正手続きが簡素化される
○岩手県一関市の祥雲寺が国内最初の「樹木葬墓地」を開設（現在、知勝院）

▼二〇〇〇（平成一二）年
○この頃から「家族葬」が全国的に人気になり、葬式の小型化が進む。大都市部では生活保護等の福祉葬等の経済的困窮者以外で、葬式を省き火葬のみの「直葬」が出現。また自宅葬が減少し、斎場葬が主流に

○病院から自宅へ搬送しての自宅安置が少なくなる
○この頃から洋型霊柩車中心に
○首都圏では会葬者は通夜に集中し、葬儀当日の関係者以外の会葬がほとんどなくなり、「葬儀・告別式」が死語になる傾向がみられる

▼二〇〇二（平成一四）年

○この頃から「手元供養」の制作・販売がはじまる
○この頃からインターネットによる葬儀社紹介、電話による葬儀相談が行われるようになる

▼二〇〇四（平成一六）年

○この頃から大企業による社葬がホテルを会場に無宗教のお別れ会方式で行われることが多くなる

▼二〇〇五（平成一七）年

○公正取引委員会調査が葬祭業対象に初めて実施され、誇大広告等の景品表示法等指導。この調査で平均会葬者数が一三二人となり、二〇〇一年段階の平均二八〇人の半数以下に減少していることが判明

○ＮＰＯ法人「エンディングセンター」が都市型樹木葬墓地「桜葬」を東京・町田で始める
○斎場（葬儀会館）が葬儀の小型化に合わせ、小型化傾向を強める
○この頃からバン型霊柩車が火葬場送りにも使用されることが主流となる（宮型霊柩車は三割に）
○この頃から「孤独死」が話題に

▼二〇〇六（平成一八）年

○秋川雅史がシングル曲「千の風になって」を発表

▼二〇〇八（平成二〇）年

○島根県隠岐の海士町にある無人島のカズラ島が散骨専用の島に

▼二〇〇九（平成二一）年

○映画『おくりびと』がアカデミー賞外国語映画賞を受賞
○小売り大手のイオンが葬祭業に進出

▼二〇一〇（平成二二）年

○ＮＨＫスペシャル『無縁社会』が放映され話題を呼ぶ。それによると、引き取り手の

ない遺体は年間三万二千人
○島田裕巳『葬式は、要らない』（幻冬舎）がベストセラー、要・不要の論議が活発に
○イオンが僧侶へのお布施目安額を発表した（「イオン・ショック」と呼ばれた）ことで全日本仏教会と対立。イオンはホームページ上から目安表を外す。これを契機に全日本仏教会が「葬儀は誰の為に行うのか？」の公開シンポジウムを開催

▼二〇一二（平成二四）年

○「終活」が新語・流行語大賞のトップテンに

▼二〇一五（平成二七）年

○アマゾンでみんれび（現よりそう）が「お坊さん便」僧侶手配サービスを販売開始。戒名料も定額化したため全日本仏教会が販売中止を要求。マスコミでも取り上げられ。仏教界内部でも賛否が

▼二〇一七（平成二九）年

○コマツ元社長の安崎暁さんが、都内のホテルで生前に「感謝の会」を開き話題に

こうして平成期に葬送の現場で起きてきたことを並べてみると、まず感じるのは、「個

人化」ということであろう。

終戦後の昭和後期、農業など一次産業を中心とした社会から、懸命に産業構造を変えて工業化に走った。戦後復興期、高度成長期をすぎてバブル期。その夢見るような好景気が短期間で弾けたあとは、どんより停滞して格差が広がっている。そんな流れを念頭に置いて葬送の主体を単純化すれば、こういうことになる。

地域社会　↓　会社　↓　家族（個人）

もちろん自営業者も一定程度いるし、会社がらみの葬儀でも外見的には個人葬であるということはわかっていても、ここではあえて単純化したい。

そう、みえてくるものは、かつて、葬儀をするのは自分ではない他人だったということだ。言葉は悪いし、葬儀の正しい機能を理解している人たちからすれば「わかってない！」と言われそうだが、あえて言っておきたい。昭和期まで、日本人の葬儀は「地域・世間、もしくは会社にお任せ」で良かったのだ。「喪主」といちおう言われて奉られていたけれど、喪主は実質、葬儀の場ではすることがなかった。

理屈はちゃんとあった。「喪主は悲しみの主体であるから」。だけど、当時、地域で野辺送りをしていたとき、あるいは会社がからむ葬儀の喪主に収まっていたとき、本当に近親者を失くした悲しみに浸っていることができただろうか。いや、バタバタと勝手に無為な時間がすぎていっただけだったと思う。まったくムダだったとは決して思わない。こういうものだ、というシキタリがあって、そこに身をあずけることで、なにがしかの安心は得られたであろう。

だけど、葬儀を主宰する側にはそれなりの目的があった。つまり村社会は村コミュニティの危機管理として葬儀を行い、会社は会社の「格」のために社葬を行い、あるいは社内の結束を強めるため総務課を中心に葬儀の支援がなされていた。そこに宗教的な雰囲気を出すための「飾り」として僧侶が参加していた。それが実態ではなかったか。

そして、平成期。地方消滅とまで言われるように地方のコミュニティはずたずたになり、景気停滞によって会社は余裕を失くした。一方、各人の寿命はありがたいことに伸びていった。その結果、村も会社も、葬儀からは手を引いていったのである。

葬儀の「個人化」はそうして定着していったといっていい。ただ私は、求めてそうなったのではないと考えている。葬儀は「放り投げられた」のだと。個人化や主体性というものを勝ち取ったのではなく、「個人化させられてしまった」のだと。

昔は良かった。葬送をテーマに取材を続けていと、よくそう思う。昔は、年を取って仕事から離れれば、子供世代の家にいて、孫の顔をみて過ごせた。そんなノンキなものじゃないと言われるかもしれないが、少なくとも、自分が死んだあとの心配はする必要がなかった。死んだあとのシキタリがあり、村にいても、会社勤めをしていても、地域や会社が葬儀を執り行ってくれたからだ。

だけど、いまはそれがない。全部自分で考えなければならない。考えていないと、結婚していれば配偶者から聞かれる。ねぇ、どうするの？　結婚していなければ、尻のあたりがもぞもぞとしてくる。ひとりで死ぬのか。どうしたらいいのだろう……。

家族や個人に葬儀というものが戻ってきたら、まず考えるのは「費用＝カネ」である。あとは「テマ」。いくらかかるのか。なるべく安くできないのか。来てくれる人の負担も少なくしなきゃ。

そうしていまの葬儀は、安くて小規模、短期間で済む「安・縮・短」の流れになっていく。これは当然のことなのだ。

第Ⅴ章

世界のお墓から
～「お墓博士」の葬送よもやま話

（長江曜子）

お墓大学へ

「アメリカのお墓大学を卒業しています」

そう言うと必ず、「何ですか、お墓大学って」と言われてしまう。日本には「お墓大学」なるものは存在しないので、疑問に思われるのも当然かもしれない。

「お墓大学」とは、百年以上の伝統があるアメリカの墓園協会主催のＡＣＡＵ（全米墓園協会大学）を指す。今から三十年前、一九八八年から一九九一年までの四年間、メンフィス大学で開催されていた、ＡＣＡ（全米墓園協会）主催の、夏季実務者研修がその正体で、日本人初の卒業生が私だった。

研修は、毎年一週間のコースを一つずつ履修し、四年間で四コースを終えると卒業となる。一週間のコースとはいえ、そのあいだ缶詰状態にさせられる厳しい内容だ。講師は大学の経営学の教授陣と、現場のわかる実務者たちで構成されていた。

受講のきっかけは、一九八六年八月、欧州五カ国（イタリア、オーストリア、スイス、イギリス、フランス）の墓園と葬祭施設（火葬場、葬儀場）を視察する、全日本墓園協会の研修視察旅行だった。

国土の狭い欧州は当時、すでに墓地の使用について、「永代使用」から「有期限貸付」という形に移行中だった。カトリック国とプロテスタント国で、火葬率が大幅に違っていた。カトリックは、宗教上の理由から死後の復活を期待し、遺体保存を何より大切にするため、土葬率が高かった。その代表がイタリア、フランスである。

これらの国の墓園とは、墓地を含み、火葬場、葬儀場が一体化した「葬祭施設」であり、永続性を期待された福祉施設でもあった。また欧州における「葬儀場」とは、人が死んだのちの埋葬を、死者の尊厳を尊重しながら責任をもって担当する施設であり、そこでは「葬儀」は人間が行う「文化行為」として認知されていた。

私はこのとき、比較文化、比較宗教的な観点から、欧州の葬儀や墓地の奥深さに魅了された。石材業三代目のＤＮＡが目覚めてしまったのである。

そこで、墓地と葬祭について徹底的に勉強したくなって、アメリカのお墓大学に挑戦することにしたのである。欧州の研修では約一週間のあいだ、午前も午後も研修で葬祭施設を回り、写真を撮り続け、現地の職員（役人）の方々の説明を通訳を介して聞き、取ったメモを帰国後レポートにまとめた。日本では葬儀や墓地について、レポートも教科書も何もない状態だったからだ。先生らしき存在も誰ひとりいない、一切が未知なる世界だった。

一方、欧州の墓地システムを研究しはじめたばかりの私にとって、アメリカの墓地システムを学ぶ機会は魅力的だった。一九八八年二月ごろ、全日本墓園協会研修という形でビジネス型のアメリカ墓地システムを学ぶ機会が訪れたが、当時すでに大学と石材業という二足のワラジを履いていた私は、その期間に大学を休むことができず、しかたなしに後日、通訳もなく単独で、ワシントンDCにある全米墓園協会の門をたたいた。それが一九八八年三月のことだった。

そこで、ACAU（全米墓園協会大学）の存在を知り、同年七月に夏季短期留学することを決意。当時全米墓園協会事務局長を務めていたステファン・L・モーガン氏のすすめと、石材業では当時珍しくアメリカ留学経験があった、株式会社メモリアルアートの大野屋現相談役大澤秀行氏の紹介のおかげだった。インターネットもない、航空券の予約も時刻表を見ながらというアナログ式が主流の時代、通訳もない一人旅。先達のない領域を切り開くには、若さと探求心以外に頼れるものはなかった。

欧州は、後に一九九〇年六月末~七月上旬、同じ全日本墓園協会視察研修で、今度は北欧（フィンランド、スウェーデン、ノルウェー）三カ国をまわることになった。北欧では収入のうち、一定の比率の教会税（現在は埋葬税）を生前から積み立てることで、死んでも火葬や墓地に困ることのない、行き届いた福祉施策が行われていることを知った。

死の尊厳が第一

全米墓園協会大学には、アメリカ全土、カナダ、南米から約百名の受講生がやってきていた。一方、アジアから来ているのは当時私一人である。初年度はセールスとマーケティングのコースを受講した。いわゆる普通の営業だけではなく、市場調査のカリキュラムがセットになっている。将来予測こそ、破綻が許されない霊園経営の基礎なのである。「暗闇に歩いて行くのは愚かだ」という考え方をたたき込まれたのだった。

二年目には、アカウンティング・財務管理、会計学コースを受講した。国土の広いアメリカ合衆国では霊園は株式会社による経営が多く、永代使用が主だった。使用者から得る永代使用料の一部を、墓地管理基金として積み立て、修繕費用や管理棟の立て替え費用に充てていた。またその資金を安全に運用し、原資をいかに増やすかという、現実的なカリキュラムが組まれていた。

それは、霊園の持続可能な経営を最優先に考える姿勢のあらわれでもある。霊園経営を安定させることは、人の死と埋葬の尊厳を重んじ、また墓地使用者の権利を保護することに直結するのである。

三年次は、ランドマネージメント（霊園設計）コースを受講。土地の形状や植生を生かした霊園設計は、日本の霊園でよく見かける、規制をクリアするために植物を植えるやり方とは根本的に違うものだった。大きな木は伐採せず、シンボルツリーとして活用する。芝生は種類を選んで育成し、季節によって植え替える。永遠の眠りの地をどう美しく表現し提供するかが重要なのだ。

四年次は卒業コースである。アメリカ型のアクティブラーニング方式によって、議論を深めながら、課題解決することを求められる。霊園現地の未開発エリアをどうやって開発するか、二つのチームに分かれてプランを検討し、プレゼンとコンペによって勝敗を決する。

「お墓大学」での四年間でたたき込まれたのは、つぎの三点である。

①メモリアリゼーション（追悼）の重要性

霊園は、死者と生者が交流する「追悼」の空間であることが最も重要だ。たとえば解剖学者の養老孟司氏は、私との対談の中で「人間しかお墓を作らない。お墓を作るのはシンボル行為である」ということを話していたが、アメリカの「お墓大学」で学んだのも、ほぼ同じ考え方だ。

日本ではとりわけ近年葬送分野での「安・近・短」化が進み、死者の尊厳や遺族の追悼の心がとかくなおざりにされていると感じる。一方アメリカでは墓地経営を安定させることも、死者の尊厳をまもり、遺族の思いを大事にするためである。

②セメタリーマネジメント

霊園経営はただの土地開発・不動産販売業ではない。墓地は持続性がもとめられる施設であり、永続的で日常的な管理が必要で、経営の破綻は許されないという、特殊な性格のビジネスなのである。

③コンサルティングセールス

葬送ビジネスとは、人の死を扱うサービス業、いわば「デスケア・サービス」である。そのためアメリカでは、グリーフケア（悲嘆の処理）や心理学も必修だった。

また、核家族一人暮らしで孤立しやすい個人を、いかにして安心の絆でつないで行くのか、個別対応の事例を重視する姿勢があった。単なる土地開発、売り切りビジネスになりがちな日本の葬送ビジネスとの明確な違いがあった。

市場調査もない日本

一九九〇年代後半には、ＡＣＡは、ＩＣＣＦＡ（国際霊園火葬葬儀協会）というより総合的な団体へ改組されている。八〇年代には全米の火葬率が一五％だったのに対して、現在は四五％に上昇してきている。生前契約も増加するなど変化が著しい。

アメリカの火葬は、工場のようだ。燃やしても無害のプラスチックベルトによって、足に認識票となる金属のプレートをくりつける。遺体は番号で管理され、火葬後、焼骨の骨上げはしない。金属や大理石の玉によって砕かれた遺骨は、シッピング（郵送）で自宅に帰ってくる。送り届けられた遺骨には、金属プレートと火葬証明が添えられているという仕組みだ。

一方土葬は、まずエンバーミングと呼ばれる防腐処理が行われる。エンバーマーと呼ばれる資格者が、遺体の血液をピンク色の防腐剤と入れ替え、遺体を腐らせず土中の墓や霊廟の壁に保存する。ACAUの終了後の一週間を利用して、私はさらにアメリカ東海岸、中西部、南部、西海岸を毎年一人でめぐり、そんな実務の研修をうける旅をつづけた。アメリカでは葬祭業の「経営」という点をしっかりと考えているだけでなく、大学を設置し、葬祭業従事者の教育を行っていることに、眼からウロコの思いの連続だった。

この体験の後、全日本墓園協会に対して進言し、日本でも墓地管理講習会を実現した。その後三十回も開催されているが、日本では墓地管理にとどまり、葬送関連のさまざまな業種・サービスがまだまだ総合的に結びついていないと感じる。葬儀、火葬、墓地がそれぞれ別個に存在しており、研修もまた別々である。「デスケア・サービス」という概念がない一方、「エンディング産業」という呼び名が聞かれて久しい。「産業」ということを前面に押し出しているのだ。葬祭ビジネスにおいて、あくまで目先の金儲け的な短絡的な考え方がまかり通っているように思われるのは実に残念である。

日本の葬祭ビジネスには、きちんとした理念や将来予測も、調査データも存在しない。一方アメリカでは、ACAが一九九〇年より五年ごとに市場調査を葬送ビジネスの関連業種とともに実施している。しかし日本では市場調査どころか、たとえば、東京湾にどのくらいの数の遺骨が一年間で散骨されているかも分からないのだ。

散骨は、昭和二三年制定の「墓地・埋葬等に関する法律」（墓埋法）に記述がないことを利用した、グレーゾーンのビジネスといえる。これがフランスであれば、散骨にあたって、いつどこで撒いたかを故人の出生地に届け出なくてはならない等、法律によって手続きが定められている。日本ではこういった法律が存在しないため、どこに撒こうが勝手という状態にあり、さまざまなトラブルの温床になっている。そのため条例で禁止したり、制限している自治体もある。

葬送に関するルールだけでなく、死者の尊厳を守り、死者を悼む心を守り伝えて行くという、葬送についてのきちんとした姿勢が、現状ではないに等しい。

火葬と土葬でわかるお国柄

葬送文化を読み解くには、まず宗教と埋葬の関係に着目する方法がある。

日本の火葬率は、九九・九％。日本は世界一の火葬大国である。

一方、カトリック系の諸国では、宗教上の理由から、遺体保存にこだわり、火葬率が低い傾向がある。肉体を伴った復活――永遠の生命を得る――を遂げるために、遺体の保存は重要である。

西欧世界と一部アジアでは、火葬に遺族の立ち会いはなく、収骨もしない。焼骨は、鉄の玉か大理石の玉を入れて砕き、一種の粗みじん切りにして、骨つぼに入れて引き取られるか、遺族のもとへ郵送される。砂状に砕かれた骨では、復活のイメージとはつながらない。

二〇一五年のデータ（「火葬研究」、一般社団法人火葬研究協会）によると、イタリアは一八・四％、フランスで三四・一％、スペイン四一・八％、ベルギーで五四・〇％程度である。チェコのみ例外的に八五・八％と高い数字である。一九六三年にローマ法王が火葬した後でも復活には支障がないと宣言したが、その後も増加する気配はない。また、フランスなどでは散骨が増加する流れが起きているが、カトリック諸国では遺骨の散骨に警鐘を鳴らす動きも目立っている。

一方プロテスタント系諸国では、たとえば火葬率が七五・一％のままであるイギリスなど、一九八〇年代から火葬率の上昇がほとんどない国もある。スウェーデンも同様に、火葬率は八〇・〇％で止まっている。

その背景としては、実に単純な理由がある。イスラム系移民が増加しているのだ。イスラム教は、死後の復活をイメージする宗教であり、遺体は火葬しない。

ちなみにロックバンド「クイーン」のフレディ・マーキュリーはペルシア系インド人だが、遺体は火葬されている。

スイスの火葬率は八二・一％であり、カナダは六六・一％、アメリカは四五・七％である。

アメリカでは、遺体保存のため、土葬時にはエンバーミングを行う。防腐剤を血管に注入し、二時間かけて血液と防腐剤を入れ替える。死化粧をほどこし、美しい死装束を身にまとい（男性ならタキシードやモーニング、女性ならピンクやブルーのドレス）、復活を待つ。あるいはベッドのような豪華な棺のなかに眠る。お通夜（ビューイング）では遺体の顔を見ることができる。

葬儀終了後、墓地やモーソリウム（霊廟＝遺体を壁に埋葬する形式）におさめる前に、ボルト（棺を保護するコンクリートのカバー）にいれて埋葬する。あのマイケル・ジャクソンの遺体も実は火葬されておらず、モーソリウムに安置・保存されている。

ギリシャ正教系諸国の東欧・ルーマニアの火葬率は〇・三％である。ロシアでも三七・二％（二〇一〇年のデータ）である。これらの諸国は土葬地帯である。

もちろんイスラムは土葬である。多民族国家であるシンガポールは、国土が狭いため改葬が進み、イスラム系住民の墓地では、遺体は立ったまま聖地メッカに向けて埋葬されている。

ヒンズー教のインドは、七〇〜八〇％が火葬である。一方、仏教・儒教国であるアジアにおいては、中華民国（台湾）の火葬率が九二・五％、香港八九・七％、韓国七六・九％（二〇〇〇年から墓地法が改正され、火葬率が上昇した）、タイが八〇・〇％、中華人民共和国（中国）が四九・五％（二〇一二年のデータ）である。

中国における火葬率が低いが、都市化の進行により火葬場の整備が進めば、今後の火葬率の上昇が予測される。また火葬後の焼骨は、日本製ではなく欧米の火葬炉を導入した関係で、多くは火葬後に粉骨化される。

　砕かれた遺骨は、もちろん散骨されるだけではなく、骨つぼに入れて自宅に収蔵される。中にはブック型の骨つぼもあり、遺骨を書棚に収納しても違和感がない。形も様々で、美しい彩りの骨つぼもある。

　また、骨つぼカバーとなる容器にいれて地下に埋葬し、その上に墓石を建立するものもある。納骨堂（家族単位、夫婦単位、個人単位）に入れる骨つぼ、墓碑を建立しない「無名墓」や、光壇のようなローズガーデンや、桜の樹の下の墓地に遺骨が埋葬され、自然に還る形式等がある。

　アジアは元来土葬であり、墓地も土饅頭《まんじゅう》形式であった。だが急速な都市化により、一族の繁栄や一家の隆盛を祈る、かつての全山風水を考えた墓は維持できなくなっている。現在シンガポール等で「墓地問題は土地問題」であるかのように、生きている人間が優先され、墓地移転が起きている。韓国でも二〇〇〇年の墓地に関連する法改正によって墓地移転が多く行われるようになった。

世界遺産も実はお墓

「葬送」という言葉は、死者との最後のお別れをして、火葬場や墓地に送り出すことである。古くは野辺送りとも言われていた。「葬」とは、もともと死体を草むらに葬ることを指す。死者を土中に葬ることである「埋葬」も「墓」も、死者を土中に埋めることを指す。「葬送」とは人間が死者の尊厳性を理解し、次の世に送る文化儀礼も意味している。お墓も葬儀も、地球上の生物で人間だけが行う文化行為である。単なる死体の処理や処分ではないという点が重要である。

葬送を文化としてとらえる手がかりとして、世界遺産になったお墓や、世界的な著名人のお墓など、私が実際に現地に訪れたことがある有名なお墓をいくつか紹介しよう。

①世界一美しい墓―タージ・マハル

イスラム王朝としてインドを統治したムガール帝国の第五第皇帝シャー・ジャハーンは、愛する妃ムムターズ・マハルが一六三一年に死去した後、美しい廟墓の建設を志し、十年とも二十年ともいわれる歳月をかけて、タージ・マハルを完成させた。

ヤムナ川右岸に建設された、白大理石の墓（廟）の美しさは、前庭にある水面に映し出されるその墓の全容をもって知ることが出来る。ジャハーンは、墓の建設に多額の費用がかかったことから、息子に幽閉され、黒の自分の廟を対岸に作ることは叶わず、マハルの地下に眠っている。（カンボジア、クメール王朝のアンコールワットも王の墓である。また実はイースター島のモアイ像も基段に勇者の遺骨を入れ、村を守っている墓である）

②北欧デザインの森林墓地

北欧の有名な建築家グンナール・アスプルンドが、一九三〇年代にコンペで採用された「森林墓地」が世界遺産に登録された。森の小さな火葬場も簡素な美しさをたたえた建築だが、この「森林墓地」の最大の特徴は別にある。

森林の中に墓地を建設したのではなく、墓地や墓石が外から見えないように、あとから森林を育てたのだ。その美しい緑が印象的である。

なんと言っても、「二十年貸付」と決められた墓地は、承継者がいれば更新可能であるが、承継者がいなければ、墓石はストックヤードに移動し、遺骨は園内に合葬される。コンクリート製の納骨カロート（室）部分は、そのまま次の人が再使用する。究極の持続可能な墓地なのだ。

首都ストックホルムの中心から電車で三〇分以内という便利な場所でありながら、静寂につつまれた永遠の眠りの場である。駅付近の花屋には、ささやかな花の苗や切花が売られている。夕方、森林墓地に分け入ったら、大きなプラスチック容器に充填されたローソクのロウに、金属のフードがつけられ、ゆっくりと燃えながら美しくライトアップする。多くの墓参客がともした火が、ゆらいで美しく輝いていた。設計者アスプルンドは、幼くして死んだ我が子の墓地をイメージしてこの霊園を設計し、自らもこの墓地に眠っている。散骨の追想の丘、無名墓にも、墓参客の花は絶えない。死者と生者の美しい対話の空間である。

③自宅がお墓になったエルヴィス・プレスリー

アメリカを代表するロックスター、エルヴィス・プレスリーは、メンフィスの自宅グレースランドに眠っている。自宅がテーマパークと化しており、ピンクのキャデラックや、自家用機の展示、一部屋ごとに特徴のある自宅の部屋には、プレスリーの衣装や遺品、ゴールドディスクが多数飾られている。

プレスリーが急死したのは、一九七七年、四十二歳のことだった。遺体は自宅のバスルームで発見された。

自宅の裏庭にある噴水を中心とした円形の埋葬地に、プレスリーが土葬されており、棺のカバーの上には、「エルヴィス・プレスリー、バーノンとグラディスの息子にしてリサの父親」と刻まれたブロンズ製の銘板がはめ込まれている。

この噴水を取り巻く円形の墓域には、ファンからの美しい花々が絶えない。この墓地を見つめる位置に、キリストの手を広げた彫刻が建立され、夜間には噴水に照明が当たり、浮き出る演出がなされている。またキリスト像もライトアップされる。敬虔な南部のクリスチャンであるプレスリーらしい墓地だ。

プレスリーの墓の両脇には、双子の兄弟、父や母が同じ墓域にそれぞれ土葬され、仲良く円形に並んでいる。

④死後もケネディを守るジャクリーンのお墓

ワシントンＤＣの国立アーリントン墓地において、最も美しい緑の丘の下に、暗殺された第三五代ケネディ大統領が眠っている墓がある。永遠の火が円形の石の中央に燃え続け、土葬された墓地に、黒い石碑のプレートに大統領の名が刻まれている。

私が初めてこのスライドを見たのは小学六年生のころだった。母方の祖父（アメリカ式の養鶏を学びに単身渡米し全米を回った）が、アメリカ研修の土産話に、孫に見せてくれたスライドだった。

日本初の衛星中継が、あろうことかケネディ大統領暗殺の映像になった。一九六三年十一月二十二日、ダラスでの出来事である。夫を気丈にも抱き止めたジャクリーン夫人は、血染めのドレスのまま、夫ケネディの葬儀をリンカーン大統領と同じにしてほしいと言ったそうだ。ケネディの棺に敬礼した、息子のＪＦＫジュニア、ジョンの姿が、全世界の記憶に残った。翌年の日本は、東京オリンピックに沸いた。

暗殺事件から二年後にスライドでケネディのお墓を見た私は、自分で訪ねてみたいと願い、実際にこれまで計五回も訪れている。

ケネディのお墓はアーリントンハウスを望む最良の地にあり、同じく暗殺されたケネディの弟で司法長官だったロバート・ケネディのシンプルな墓（美しい白い十字架）とともに、人々の記憶に残る場であり、アメリカにおける民主主義の聖地である。

一九八〇年代に初めてこの地を訪れた際印象的であったのは、ケネディの二人の子ども（一人は死産、一人は誕生数日後に死亡した）であるアナベラとパトリック、二つの墓石に囲まれてケネディが眠っていたことだ。またお墓を背にすると、正面のバルコニーにはケネディの大統領就任演説が刻まれ、ポトマック川の先にケネディセンター、その先にはリンカーンセンター（リンカーンの巨大な石像と演説が刻まれている）、オベリスク、その先に米国の国会議事堂が一直線上に並んでいる。これらはまさにアメリカの民主主義を象徴する建物であり、このケネディの墓地を用意したことで、ジャクリーン夫人はケネディを歴史に残すことに成功したとも言える。

さて、そのジャクリーンは一九九四年五月一九日に死去。六四歳だった。三一歳でケネディ大統領のファーストレディになり、わずか二年一〇カ月で夫は暗殺された。その後ギリシャの大富豪オナシスと五年後に再婚、全米のケネディファンにとっては裏切りとも感じられた。オナシスの死後、彼女はニューヨークで若き日と同じ編集者という仕事に戻り活躍、その後亡くなった。

誰もが驚いたことに、ジャクリーンが埋葬された墓地は、なんとケネディの墓地の隣だった。私は一九九五年に実際に現地で確認している。若き日に暗殺されたジョン・F・ケネディの墓を、二人の子どもとともに、愛する人の永遠の眠りの地として演出するため、自らの埋葬地を用意してあったのだ。

ケネディの棺に敬礼し、将来大統領になることを期待されたＪＦＫジュニア、ジョンは、一九六九年、自ら操縦した飛行機事故で死亡。四人の子どもたちの中で、存命なのは長女のキャロラインだけである。彼女は駐日米国大使としても活躍した。

⑤サルトルとボーヴォワール、お墓はどっちが上？

実存主義の哲学者であり作家であったサルトルのお墓は、パリのモンマルトル墓地にある。横一・五メートル×縦二・五メートルのグレーの御影石の上に、トラバーチン大理石二段の墓石、さらにその上に氏名と生年月日だけという簡素な墓碑銘が刻まれている。生涯の恋人であり、哲学上の友人でもあったボーヴォワールが、サルトルのお墓を建立した。サルトルより六年長生きし、同じ墓石にボーヴォワールの遺体も土葬されている。サルトルの名前のみ刻まれていた墓石に、ボーヴォワールの名が追加で彫刻されたのだ。

フランスのパリでは土葬が主流で、棺七体が上に重ねられて埋葬できる構造になっている。つまり、先に亡くなったサルトルは、ボーヴォワールの下に眠っている。『第二の性』

などの著作でフェミニストとしても知られるボーヴォワールは、言うなれば死後にサルトルを「尻に敷いている」のである。

サルトルとボーヴォワールは当初二年間だけの契約結婚だったが、二人の関係は生涯にわたって続いた。共に恋多き人物であったので、互いに若い恋人がいた時期もあった。だが二人は生涯愛し合ったあとに、偕老同穴《かいろうどうけつ》、同じ墓に眠っている。そう思うと、「尻に敷いている」というより、むしろ死後もずっと深い思いで結ばれているといえないだろうか。

葬送文化とは、何よりも人間の家族、宗教、歴史を色濃く伝えるものであり、追悼（メモリアリゼーション）の絆、「交流の場」「生命の大切さを伝える場」として存在する。そのことを忘れ、ただの遺骨の処理・処分のような葬送に堕してしまっては、まさに「文化」を忘れた、動物的な行為である。なんと薄っぺらい話だろうか。

葬儀や墓地には、人間の愛憎まで含んだ生涯が語られ、家族の歴史が刻まれている。人生そのものを内包しながら、墓は歴史の傍らで変化を続け、生命のバトンが次世代へと受け継がれる。葬儀と墓地はそれゆえ興味深いのである。

第Ⅵ章

「つながり」としての葬儀

これまで、お墓や葬儀の歴史を私なりに大雑把に概観し、それから、いま葬送の現場で起きていることや語られていることについて、まとめてきた。

最終章のまとめに行く前に、あと二つだけ、現場から報告してみたいと思う。「終《つい》の棲《すみ》家《か》なき遺骨」と「引き取り手のない遺骨」がテーマである。私たちの生きる社会では、いま、遺骨がさまよっているのだ。そのことを知ってほしいと思う。

ゆうパックで送られてくる遺骨

ＮＰＯ法人「終の棲家なき遺骨を救う会」の事務所は東京都新宿区にある。新宿とはいっても、市ヶ谷の防衛省の裏手、神楽坂に近い、比較的静かな住宅地だ。提携する南春寺は一六二九年に創立された浄土真宗の寺。広い通りからやや奥まったところに四階建てビルがあって、三階がこのＮＰＯの受付になっている。フロアの窓から、住宅や雑居ビルにはさまれて本堂と墓地が見える。都会にある寺というものは、こんなものなのだろうと、妙に納得した。

墓地の中央にあるのが永代供養墓（合葬式）で、三万円払えば埋葬されて、毎朝、お経を上げてもらえるという。墓の名は「有縁塔《うえんとう》」。縁の途切れた人であっても、ここで新しく縁を結びましょう、という意味がこめられている。ＮＨＫや民放の番組で取り上げられて、大いに注目を集めた。ＮＰＯは設立の目的をこう記している。

〈経済的事情、家族関係等の事情で葬儀そして遺骨の墓地埋葬が困難な方々に対し葬儀社、寺院に働きかけをしその協力のもと消費者保護の立場にたって安価に葬儀葬送、埋葬まで受け入れられるよう活動し、その遺族の福祉の増進を図り、もって広く公益に寄与することを目的とする〉

「消費者保護の立場で／安価に」とあっけらかんと明示しているところが今っぽい。サービス業の基本である「消費者目線」が徹底している。ゆうパックに骨つぼを入れて送ってもいい（「送骨」という）し、代金を払えばスタッフがもらい受けに来てくれる（「迎骨」というらしい）し、もちろん、遺族が直接、持参してもいい。

二〇一五年の春、取材した当日、二件の持ち込みがあった。

最初は実母の遺骨を抱えた、三〇代の男性が来た。こんな話をした。

「離婚した母は、その後、折り合いが悪くなって実家の墓には入れませんでした。だから私が決めました。ここはうちから近くていいですよ。墓参りが楽です」

男性は妻と、まだ小さい子も連れてきていた。それから妻のお母さんまで一緒だった。妻も、もちろんそのお母さんも、遺骨の主には生前会ったことはない。それでも来るということは、仲のいい家庭なのだろう。

それから三〇分ほどして受付に来た女性はひとりだった。わざわざ中部地方から来た、という三三歳。彼女の両親も離婚していて、こんな話をしてくれた。

「自分は母と一緒に暮らして、父とは疎遠だったんですが、今年二月におばから電話があって、父の死を知らされました。父はひとりで一軒家に住んでいたらしい。昼になっても灯りがついたままだったのを不審に思った大家さんがカギを使って中に入って、死亡しているのを見つけたと聞きました。父の実家は姉妹ばかり。みんな嫁いで実家の墓の後継ぎはいません。だからといって離婚した母のほうに入れるわけにもいかないので、私がいろいろネットで調べて、ここのお寺のことを知りました」

彼女は男物の眼鏡を手に持っていたので質問してみた。それなんですか？

「ああ、これですか。父が最期にかけていたそうで、警察が検死のあと遺品として送ってきてくれました。父とはたまにメールもしたし、数年前に一度、会いました。葬式も挙げられず、さっさと焼かれてしまったから、お骨を見るのは今日が初めてなんです」

私は、彼女と一緒に骨つぼの中をのぞく。少し赤みがかった骨だった。眼鏡は骨つぼに入れることにしたという。

疎遠であったとしても、やっぱり父親、ということなのだろうか。

「いまから本堂でお経を上げてもらって、そのとき、いろいろ思い出すと思います。父は友達も少なかったけど、若いころ東京にいたことがあって、これから、骨になってしまったけど、でも大好きだった東京にいられるから、きっと喜んでいると思います」

彼女はそう言いながら、自分の眼鏡を取って、指先で涙を拭いた。

遺骨という最後の絆

ＮＰＯ「終の棲家なき遺骨を救う会」のスタッフに、後日、相談・申し込みの受付票を見せてもらった。受け付けに際して、相談者から聞き取った内容のメモである。もちろん、住所や氏名などは消されたコピーである。五〇人分ほどあって、正式なデータではない。それでも、三万円の永代供養に決めた理由が、だいたいタイプ分けできる気がした。列挙してみたい。（内容は必要に応じて変えた）

【疎遠だった血縁者のケース】

○叔父の遺骨。（同居していたはずの）いとこがアパートに遺骨を置いたまま行方不明になり、ほかに家族もおらず、自分が供養することに。命日が「六日ごろ」となっているのは、孤独死していて正確な日時がわからなかったため。

○疎遠になっていた弟が危篤と病院から連絡があり、向かったが間に合わず亡くなった。生活保護を受けていたらしく、火葬までは役所がしてくれるが、埋葬先は探すように言われて困っている。

○父親の遺骨。警察から連絡があり二カ月前に死亡したとかで先月引き取ったが、自分は六三年間、会ったこともない。「送骨」で申し込みたい。

○四〇年前に行方不明になった父。昨年、施設から突然、余命いくばくもない状態と連絡があり、その三日後に他界したという。葬儀は内縁の妻の家族がした。遺骨もあちらが引き取るといったので任せたが、実の父だったので分骨してもらった。

○自殺した息子の遺骨。別れた夫が持っていたが、その夫が亡くなり自分の手元に。送骨希望。位牌も一緒に供養してほしい。

○子供のころに親が離婚。疎遠になっていた父が昨年亡くなった。葬式は自分が喪主となったが、遺骨は父と暮らしていた内縁の妻に預けていた。ところが、最近になって遺骨はどこにも埋葬されず放置されていると知った。そのままにしておけない。

「疎遠」とはいっても、行方不明者となっていた例はそんなにはない。一方、あまりやりとりのない親子、顔を合わせることの少ない兄弟姉妹はこの世の中、ごまんといる。おじやおば関係まで含めたら、たえず連絡を取っているケースのほうが少ないのかもしれない。そんなゆるやかな関係なのに、施設から「危篤です／亡くなられました」と連絡があったとき、どうすればいいのか。あるいは検死を終えた警察から「引き取って欲しい」と通告されたら。

葬送の問題はある日突然、目の前に迫ってくるのである。

【家族・親族内の複雑な事情のケース】

○離婚して母とは四〇年以上、疎遠になっていた父の遺骨。現在は後妻の妹が保管しているが、「引き取ってほしい」と連絡を受けた。実の子である自分は引き取らなければばと考えているが、元妻である母は「あの人の遺骨は家に上げないで」と言っている。一日も遺骨を手元に置いておけない。

○がんで亡くなった兄の遺骨。「××家代々の墓」は長兄の息子が継いでいるが、受け入れを拒否された。亡くなった兄にはがんを患っている娘がいて、その治療に全財産を使い果たした。娘が亡くなった数カ月あとに自分もがんだとわかったが、おカネがなくて満足のいく治療はやってもらえなかった。二人の遺骨のことを悩んでいた。

○母と兄の遺骨が手元にある。夫の家の墓に入れてもらおうと頼んだが断られた。散骨なども考えたが、費用が高く困っていた。

その家族、親族の内情は外からはわかない。一度もつれた関係は、人生最後の墓の問題に直面したからとしても修復できるものではないのだ。そして、手元に遺骨だけが残る。

【金銭的な理由のケース】

○娘の遺骨。離婚して戻ってきた。子供は三人で、一人は知的障害がある。肝硬変で亡くなった。娘の借金の返済と孫の世話で生活は苦しい。

○生活保護を受けていて墓がない。妻の遺骨は遠い寺に預けたままで供養できない。
○一人暮らしの後期高齢者、年金暮らしです。貯えもありません。でも死んだあとに他人に迷惑をかけたくない。生前に安く準備をしておきたかった。
○お寺はある。だが、身内も四人だけで、貯えも少なく、直葬をお願いしたら断られ、通常の葬儀をした。二〇〇万円ほどかかった。管理費や彼岸、盆など年間一二万円収めている。マネー主義のひどい寺だと感じる。

平成期に経済格差が広がった。ぎりぎりの生活の中では、それまで「そういうものだ」と出費していた葬祭費が削られていく。いまの生活が厳しい人に、墓はやはり高すぎるのだ。

【「迷惑かけたくない」ケース】

○夫の両親の遺骨。ただし、義父は義母の再婚相手で血縁はない。墓はあるけれど、子供たちの負担を考えると、永代供養にしたい。
○夫婦で生前申し込み。息子はいるが九州に移り住み、東京にもどることはない。娘も嫁に出た。墓を建てて子供たちに迷惑をかけるわけにはいかなかったので申し込んだ。

○夫の遺骨はずっと自宅にあった。息子はいるが病気。結婚の予定もない。自分らが死んだあとのことも考えて三人分で申し込み。

○家の墓は都立霊園にあるが、承継者がいなければ返還となる。いまは自分や甥が管理費を出しているが、いずれ世話する者もいなくなる。また、家の墓に（籍を入れていない）パートナーを入れるのもいかがなものかと考える。

「迷惑をかけたくない」は最近の終活ブームのキーワードでもある。自分が迷惑だと感じることを、子供らにさせてしまうのは嫌という心理が働くのだろう。

【寺とのトラブルの果てに】

○叔父が亡くなって、その妻（叔母）が菩提寺に行くと供養に一人一〇〇万かかると言われた。あんまりなので、改葬しようとしたら、「出るなら一人五〇万円」とかなり強く言われた。そもそも墓の中に三柱あるが、一人以外は誰のものかわからない。聞きたくても、母は認知症で聞けない。

○祖父の弟一族の改葬を考えていた。すると、その寺から「永代供養してもらいたければ、全財産を寄進するのが道理である」と言われた。住職は「寺に背くならば地獄に落ちる」と言っている。
○結婚して姓は変わっているが夫の家の墓には入りたくない。それで自分の実家の墓に入れないかと相談したら、「できない」と断られた。そこで両親と祖父母、兄の遺骨を改葬して、自分自身も生前契約してそちらにお願いしたい。
○父が他界。菩提寺はあるが、ことあるごとに数十万円のお布施を請求してくるので、父を入れる気がしない。姉妹はすべて海外暮らし。子供も娘ばかりで、その寺の檀家であり続けるつもりはない。
○五年前に亡くなった夫は地元の寺の墓に埋葬した。ところが、自分や息子のことを尋ねたら「宗派が違うなら入れない」と言われた。夫の遺骨もほかで埋葬するようなことまでいわれ、期限も決められている。

もしかしたら、寺とのトラブルが引き金となったケースがいちばん多いのかもしれない。ここでは一方の言い分しか聞いていなかったとしても、これほどあからさまに「カネの話」を持ち出されると、遺族の反発も寺離れも当然だと感じる。寺側にしたら檀家を優先したい気持ちはわかるけれど、もっと困っている人を受け入れようという余裕はないのだろうか。

【その他のケース】

○母の遺骨。火葬場からそのまま寺に直行したい。認知症だったため父が眠る墓の場所がわからない。

○昨年、父が亡くなり、家から三〇年前に亡くなった母の遺骨が出てきた。埋葬許可証がなく、役所に問い合わせたが、どこで焼いたかもわからず再発行は無理といわれた。

認知症がからんできて、墓の所在がわからなくなった、という話はよく聞く。ただ逆に言えばそれは、亡くなるまで墓参りしたことがないということなのだろうか。立ち入った事情はわからない。遺品整理で遺骨が出てきたという話もまれに聞く。それから、東日本大震災の原発事故の関係で、「福島の墓に行けなくなった」という相談記録もあった。原発事故の悲劇は、葬送にも影をおとしている。

受付票はメモ書きで要点のみの記述であるが、逆にメモであるから、そのケースごとの事情が想像できて、現代の家族関係がほの見えるのであった。

少々しつこくなるかもしれないが、受付票とは別の、スタッフから直接聞いた「忘れられない事例」二つ、書き残しておきたい。それは家族間の静かな確執、葛藤を描いた掌編小説のような世界でもある。ある意味、身につまされる。

【特殊事例①＝前妻と一緒の墓はちょっと…】

女性からの依頼のケース。夫は、妻を亡くしての再婚である。前妻は夫の実家の「代々の墓」に入った。亡くなった夫も、もちろんその墓に入った。「でもね……」と女性は考えた挙句に話し出した。どうしても、夫の実家の墓に入ることは抵抗があるという。だから、数年前から自分が入る別の墓を探していて、ネットで「救う会」の墓を知り気に入って生前予約した。「主人にはとても感謝してます。生前、本当によくしてくれました。でも……前の奥さんがいらっしゃるそのお墓に自分が入ることは、私にはちょっと抵抗があったんですよ。わかってもらえますか？」

【特殊事例②＝物置にしまわれていた遺骨】

「迎えに来てほしい」という迎骨の依頼だった。その家に行ってみると、東京都内の大きな一戸建てだった。豪邸といっていい。女性はそこに住んでいないらしく、門の前で待っていた。そして「後ろの庭にまわってほしい」と言われる。雑草が背丈近くまで伸び放題に伸びていた。「ほら、そこの物置に段ボール箱があって……」。女性の声は手で口と鼻をふさいでいたから聞き取りづらかった。言われたとおり、物置の中にある箱の中に、葬儀屋が使う骨袋がそのままあった。中には、遺骨があった。埋葬許可証などの書類はそろっていた。なぜ自分の家で安置していないのか、なぜ扉の壊れたぼろぼろの物置の中に置いたままだったのか。最後まで聞けなかった……。

遺骨をめぐる愛憎劇

「本当の終わり、お別れは、葬儀・告別式ではない。火葬場なんです」。火葬場の職員から強くそう言われたことがある。亡くなった人が火葬場で焼かれ、その姿を骨に変える。形状、見た目が激変することによって、肉親やゆかりのあった人たちは「ふんぎり」をつけるのかもしれない。

火葬場では通常、遺族によって骨上《こつあ》げが行われる。拾骨、収骨ともいわれるが、これは日本独特の儀礼だという。欧米では高温で焼いて最後は砕骨されるらしい。日本の火葬場では通常、スタッフの指示に従って、木とか竹の箸で骨を骨つぼに入れていく。昔は一人が拾った骨を順繰りに次の人の箸に渡していった。食卓でこれをやったら「縁起が悪い」といわれるのはこのためだ。

〈『箸渡し』は『箸』と『橋』の音が共通なところから、故人をこの世からあの世へ、三途の川を渡してあげるという思いからきていると言われています。皆で送ってあげようという気持ちの現れでしょう〉（『葬儀概論』）

形が変わって、ふんぎって、外見上は次の世に送ったとしても、骨は残る。愛憎入り混じった思いが最後の最後に心を乱すのか。愛情が強すぎて遺骨を食べてしまった、という話は意外によく耳にする。反対に憎しみが強すぎて骨を残酷に処分するケースもある。

数年前、東京・練馬で、妻の遺骨をスーパーのトイレに捨て、一部流したとして六八歳の無職の夫が死体遺棄容疑で書類送検される事件があった。「生前に苦労をかけられて、憎んでいた」と供述していた。夫婦二人暮らしの家で何が起きていたのか。排泄物を処理する場所を選んで捨てるほど、人は配偶者を憎めるものなのか。

葬送は自由だ。その考え方は正しい。ただ、それは、自分の思い通りの埋葬となると話が違う。それを許してしまえば、社会は土台を失うと私は思う。

遺骨は粗末には扱ってはいけない。そこは変わってはいないと、そう信じたい。

死の再定義

私は見ず知らずの人の遺骨を抱えて納骨をした経験がある。いや、生前契約などを請け負っていたNPOのスタッフと一緒に、病院からの退院に付き添ったあと、その人のひとり暮らしのアパートに行ったことがあるから、「見ず知らず」とまでは言えない。でも、納骨に付き合うほどの関係はなかった。

キクエさん（仮名）は八〇代だったか。むかしは社長令嬢だったと聞いた。裕福な家に生まれた彼女だったが、ずっと原因不明の病に苦しんでいた。とにかく全身が痛いのだ。大学ノートに綴られた日記を全部読ませてもらった。それは子供のころからの「痛みの記録」だった。勤め先も二年で辞めて、家族とは疎遠になる。体の痛みは、愛情の欠片も見せない父親への憎しみとなる。日記は痛みと憎しみの記録になっていった。

入院先の病院から退院したのは春だった。タクシーの窓から満開のサクラが見え、目に染みた。サクラ、きれいですね、とキクエさんに声をかけてみたが、厳しい表情が張り付いたままだった。狭い車内で、彼女は痛みを取り除いてくれない病院への恨みごとを繰り返していた。

しばらくして、キクエさんが火事で亡くなった、と聞かされる。台所でコンロの火が服に燃え移ったらしいと、少し前の新聞記事に小さく出ていたことを知った。スタッフから納骨に来ませんか、と誘われる。生涯独身。知らせておいたけど、実の妹は来なかった。生前契約していたお寺の墓に、納骨するという。

参列者はスタッフと私の二人。私は遺骨の入った木の箱を持った。歩くたびに骨つぼは揺れてカサカサと鳴った。さびしい音に聞こえた。でも、スタッフには違って聞こえたらしい。「リンリンリンって音がしてますね。キクエさん、もう痛くなくなって、笑っているのかも……」

人の死はゆかりのあった人に悲しみをもたらす。「もっと何かしてあげられなかったか」という後悔もやってくる。そのときは何となく収まっていても、あとになっていろんな感情がわいてくる。

その死の意味を「転換」する作業が必要なのかもしれない。「痛みの日記」を書き続けたキクエさんの納骨のとき、私はご遺骨が揺れる音を悲しく聞いたけれど、生前契約を請ったスタッフは「笑っている」と言った。あとでつらつら思い出すと、スタッフの言葉は自然な感想なのだろうけれど、見事な転換になっていると気づかされた。明るくとらえることで、彼女の死を前向きに受け止められるようになるのだ。妹さんが来てくれたらよかったのにと心から思った。

本来、葬儀も、そういう機能があるのかもしれない。近親者に加えて親しかった人たちが集まり、思い出話に花を咲かせる。あの子は子供のころ、こうだった。そうそう。でも、あのときは違ってたよ、がんばったんだよ。へー、そんな面もあるのですね、知らなかった。最近はさ、これこれでさ。まったく、ばかだよね。でも、それがいいとこでさ……。故人についてみんなでわいわい話し、再定義（転換）みたいなことをして、自分の心にしみ込ませていく。それは決してイヤな作業ではない。私はそう感じている。

誰が最期を支えるのか

さて、この本のいちばん大事なテーマ、「これからの葬送をどう考えればいいのか」の話に入る前に、どうしても神奈川県横須賀市の取り組みについて書いておきたい。

この三年ほど、私は都心から一時間半ほどかかる、三浦半島の先端に近い港まちに足繁く通った。横須賀市は、二〇一五年に「エンディングプラン・サポート事業」を始め、さらに二〇一八年には、遺言書の保管場所など終活に関する個人情報を預かる「終活情報登録伝達事業」（通称「わたしの終活登録」）を開始した。

なぜ、そこまで自治体がかかわろうとするのか、その意味を考えていけば、おのずと「これからの葬送」の方向性が見えてくる気がするのである。

あえて結論を先に言ってしまえば、いまの時代、ある程度、自治体が市民の「死」に関するもろもろを支えていかなければならないと私は考える。私たちは「死」をどう扱えばいいかを長い間学んでこなかった。いまはおカネの余裕も時間の余裕もない。かてて加えて、世帯の単身化が急速なペースで進んでいる。一家族、一個人では、もう立ちいかないのである。

そんな危機的状況を察知して、横須賀市はあえて「死」というきわめてプライベートな、個人の心の領域に踏み込んできたといっていい。取り組みの成否はまだわからない。ただ、全国から数十の自治体の視察・問い合わせが相次いでいることだけは確かだ。

第一段階の「エンディングプラン・サポート（ＥＳ）」事業は、「苦しい中でも生活保護制度には頼らないでやっているひとり暮らしの高齢者」を対象にした制度である。墓地埋葬法は「死体の埋葬または火葬を行う者がないときまたは判明しないときは、死亡地の市町村長が、これを行わなければならない」（九条）と定めている。身寄りのない生活保護受給者が亡くなった場合、葬祭費として約二〇万円が支給される。遺骨の引き取り手がなかった場合、生活保護受給者でなくても、生活保護制度に準じて支出することになっている。ただ、「葬式代くらいは自分で」としてがんばって貯金しているひとり暮らしの高齢者は多い。

ところが、そんな人の場合でも、亡くなったことがわかった瞬間、金融機関の口座は凍結されてしまう。その人の葬祭貯金は引き出せないのだ。

ＥＳ事業は、「預貯金が二二〇万円以下、年金などの月収が一八万円以下」などの条件を設定して、ひとり暮らしの高齢者の葬儀や墓について生前契約を結んでもらう制度だ。同時にリビングウィル（延命治療意思）についても本人の希望があれば預かることにしている。死亡したり、病院・施設に緊急搬送されて住所が変わっても、市の福祉担当には「情報」が入るのがこの事業のミソ。役所には入るけれど、民間の業者には入らないから契約が取れないのだ。契約した葬儀社がきちんと契約を履行したかは、市がチェックする。契約した人は安心できるし、葬儀社にしてみれば、二四時間対応のサービスを提供するかわりに、「顧客」を確保できる。

「好きでひとり暮らしをしてるんだし、死んだら好きにしてもらって構わない」。そういう人もいるだろう。ただ、その場合も等しく、公費から約二〇万円の支出がある。自分の準備不足のために公のカネが支払われるのである。

そこまでの話ではなくても、ES事業がなかったら、たとえば「〇〇宗のお経にしてほしい」などといえないし、「三年前に亡くなったダンナと一緒の墓に入りたい」などという希望もかなえてもらえない。役所の仕事は、外見上は「遺体の処理」に近い形になって、無縁納骨堂に納められてしまう。

横須賀市では、ES事業の契約をしていたおかげで同じ寺に安置されることになった女性のケースがあった。「死んだらお父さん（夫）の隣にいたい」と希望していた。住職の計らいで、その二つの骨つぼは白いひもで結ばれたという。

ＥＳ事業は「ひとり暮らし・低所得者」に限定したものであったが、終末医療から葬儀・納骨までの市民の自己実現を支えようとする画期的な事業で、まさにセーフティネットといえる。

ただこの事業の創設は、実は、やむにやまれぬ事情があった。「引き取り手がない遺骨」が急増していたのである。

ひとり暮らしの人が亡くなると、まずは警察が事件性の有無を調べる。そのあとは市町村の仕事となる。横須賀では市役所が懸命に親族を探した。担当者は住民票や戸籍を調べ、その付票を当たり名前と住所がわかると、以前は番号案内の「一〇四」で調べて電話をかけたが、最近はこの方法は困難になったという。みんな固定電話を持たなくなったからだ。その場合は仕方なく、親族宛てに手紙を書くという。涙ぐましい努力である。

拒否される遺骨

いまの時代、「ひとり暮らし＝身寄りのない人」ではない。往々にして、子とか兄弟がいる。連絡がついて遺骨を取りに来るケースもまれにある。

こんなケースがあった。

親が離婚し、疎遠になっていた娘二人と連絡がついた。数十年ぶりに父親の消息を知って、遺骨を取りに来ることになった。職員が「こんな写真を大切にしておられたようです」と言って、遺体の枕元にあったその娘の、七五三のときの晴れ着姿の写真などを見せた。二人は、額に入れられたその写真を抱え、その場に泣き崩れた……。

市役所の職員はプライバシーには立ち入れない。亡くなったその人と家族との間に、どんな物語があったのか。そこに踏み込んではならない。

事務的な対応は可能であろう。遺骨を取りに来るか否か。来てくれるのだったらハンコを押しておしまい。それも役場の仕事。だけど、横須賀市の担当者たちは少しだけこだわった。亡くなった部屋の雰囲気を察して、ちょっとだけ遺族に、そのことを伝えようとしたのだった。

くり返しになるが、そうした遺族が見つかるケースはごくまれで、あまり見つからないのがふつうだ。奇跡的に見つかったとしても、ほとんどが「引き取り拒否」である。親子でも、兄弟の関係でも。

叔父叔母・甥姪ならなおさらだ。連絡すると、「つきあいはまったくなかった」「記憶もないです」と言われる。そして、最後はこう告げられる。「あとは、そちらでお願いします」。そうして「引き取り手のない遺骨」は増えていく。

この章の冒頭で紹介したNPO「終の棲家なき遺骨を救う会」の話は、遺族が簡単に判明して、とりあえずは遺骨がゆかりある人の手に渡ったが、その安置場所に困り果てたというケースであった。ところが横須賀市が直面したのは、その前段階、引き取り拒否の案件なのである。

その数が急増していた。あるとき、担当者が市内の「引き取り手のない遺骨」の数を「身元判明」分と「身元不明」分に分けてグラフにしてみた。一九九〇年代までは、両方ともに年間一〇柱以下で推移していたのが、二〇〇〇年代に入り、とくに二〇〇五年以降は「身元判明」分が激増していたのだった。

二〇一四年度には不明はわずか三人で、判明分は五七柱に上った。逆ではない。身元が分かったのに、引き取りにこなかったケースが六〇柱に迫る数になったのである。職員はグラフにして可視化されてみて改めて、暗澹たる気持ちになった。二〇一七年度は不明一

横須賀市の引取手のない遺骨数の推移

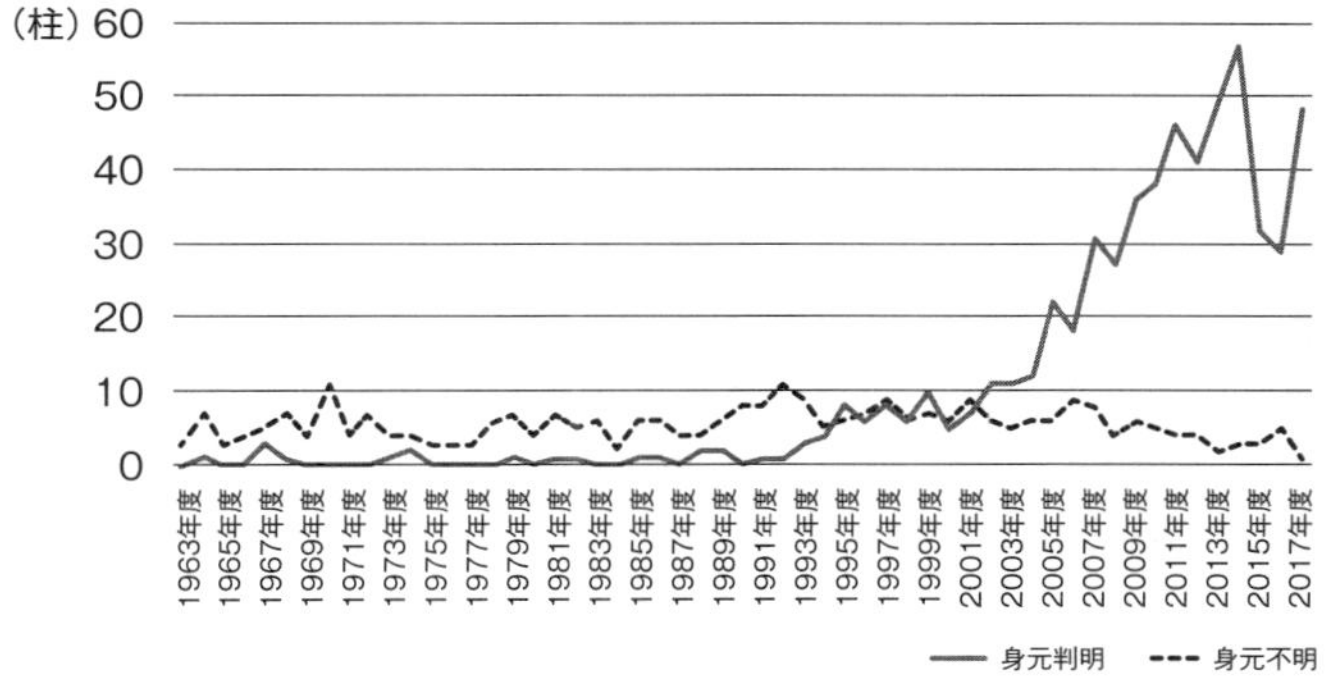

柱、判明四八柱だった。

かりに「引き取り手のない遺骨」が五〇柱出たとしよう。すると、二〇万円×五〇柱で、年間約一〇〇〇万円の葬祭費用が、基本的には自治体の公費から支払われることになる。地方財政はひっ迫している。しかも、単身世帯は急速に増えつつあって、ますますこの傾向は進む。

もちろん、担当者は「カネの話ではない」という。一人の人が亡くなったとき、ただ遺骨を「処理」するように扱われていいはずがない、という思いがあった。それはそうとしても、事業化する理由としては「支出軽減」が部内の会議で説明されたのは間違いない。実際に、横須賀市内では数千万円の預貯金が口座にあったにもかかわらず、当初、引き取り手がみつからなかったばかりに、葬祭費二〇万円が支出されたというケースがあり、一部で問題となった。制度の矛盾だろう。

横須賀市役所別館の福祉部のフロア。女子トイレの横の部屋が遺骨の仮置き所になっている。一五平方メートルほどの部屋に棚が並び、ぎっしり約一〇〇柱の遺骨の骨つぼが置いてある。もしかして気が変わって引き取る遺族がいるかもしれないから、一年ほどそこに保管されている。合葬されたら最後、もう遺骨を返すことはできないのだ。不明分は手前の棚だけ。奥の二つの棚とロッカーはすべて身元判明分である。判明分にはすべて一つひとつに「名札」がついている。名前のない人はいない。いろんな人生の綾で名を失ってこの世を去った人はいる。だけど、名前を持ったまま、遺骨だけが仮の置き場にあるのはどうなのだろう。棚やロッカーにある骨つぼは不安定な感じが、私にはする。ここじゃないと、どこかに、帰りたがっている。呼びかけてみたい衝動に駆られる。骨つぼは、しんと沈黙している。

三三人に一人が無縁仏

遺骨の引き取り手がないという話は、もちろん、横須賀に限ったことではない。それがきちんと調査すらできていないというだけで、日本国中で起きていることなのだ。毎日新聞の同僚記者が、二〇一七年六月、興味深い全国調査をした。二〇ある政令市に対して、二〇〇六年から一五年度に税金で火葬後、保管・埋葬した遺骨数を聞いた。その結果、一五年度は計七三六三柱に支出があったことが判明した。政令市の一五年中の死者数は二四万四六五六人なので、「年度」と「年」の正確な数字ではないが、概ね三三人に一人が無縁だったことになる。〇六年度は四〇四七柱で、わずか九年で一・八倍になった。都市ごとにみると、大阪市が最多で二九九九柱。死者九人に一人が無縁仏という計算になる。札幌市と北九州市は少なくて約六〇人に一人だった。

全国平均で「三三人に一人」、とくに大阪市の「九人に一人」が無縁仏という調査結果は、関係者に強い衝撃を与えた。家族関係の希薄さなのか。それとも、経済格差の深刻度が増したせいなのか。それがすべて「引き取り手のない遺骨」とはいえないが、見たくない、聞きたくない現実を、数字が突き付けたのだった。

亡くなった人の遺体を親族が引き取らないことの異常さは、高齢者福祉の現場にいる関係者なら誰もが気づいていたはずである。それはたぶん社会の構造の急激な変化に伴うものので、「自分たちの手に負えない」と市町村の福祉担当者は考えたに違いない。だけど、横須賀市は違った。いまのうちに何か手を打たなければ、ますますひどくなるという危機感を持った。

事業を発案し推進してきたのは市福祉部の北見万幸次長である。私は、地方版に小さく出た「ES事業開始」のニュースを読んで詳しく知りたいと思い、横須賀市役所に行ったときに初めて会った。

小一時間ほど事業の説明を受けて帰ろうとしたとき、北見さんは突然泣いたのである。初めて会う記者の前で、ほろほろと。「ようやく、この事業を始めることができました。私……役人冥利に尽きます……」

全国の自治体でひとしく起きていることについて、対策を練るのは国の役割ではないのか。しかし、官僚たちは現場を知らない。何が起きているのかを見ようともしない。しかも、担当がころころ変わる。国が動かないなら、せめて自分のまちでやるしかないじゃないかと北見さんは考えた。

これは「すべて国民は、個人として尊重される」と定めた憲法一三条の話ではないのか。福祉畑が長かった。精神疾患の患者とも付き合ってきた。ひとり死の現場も自ら立ち会ってきた。人が死んだとき、望みもしない違う宗派のお経を上げられ、縁もゆかりもない寺の墓に放り込まれる。もちろん「本人の希望を聞く機会がなかった」という言い訳はできる。でも、それは、たとえ「死者」ではあっても、「個人として尊重された」とは言えないではないか。

北見さんは静かだが、仕事には熱い人なのである。だから、「役人冥利」などという古めかしい言葉が口をついたのだった。

その北見さんにも、忘れられない事案がある。市内のアパートで、ES事業開始約半年後の一六年一月、ひとり暮らしの男性が亡くなった。部屋からは男性が書いたとみられる鉛筆書きのメッセージが見つかったのだ。

〈私し死亡の時　十五万円で火そう　無いん仏にしてもらいせんか　私を引取る人がいません〉

七〇代後半。がんを患っていたという。様子を見に来た隣室の知人が発見したとき、こたつの中で亡くなっていた。突然死だった。メッセージは枕元の文机にあった菓子箱のような空の缶の中から、通報で駆けつけた北見さん自身が見つけた。

スーパーの売り場に並ぶ三枚組のシャツのパッケージに入っているような白い厚紙に、

それは書いてあった。裏には、何度も鉛筆で字を練習してあった。そうしてひと文字ずつていねいに書かれたメッセージは、「十五万円」のあとの「で」に「×」がついていて、「しかありませ（ん）」と訂正されていた。通帳にある一五万円で「火葬と無縁仏（永代供養）を」と依頼していたのである。足らないかもしれず申し訳ないけど、と。

箱の中に一緒に入っていた東北地方の地方紙の日付から考えると、彼はその前の年の年末、亡くなる直前に、実家のあるまちに行ったようだった。親戚を巡り歩いたのか。ふらっと偶然を装って会いに行ったのかもしれない。そして何気なく、実家の墓に入れるかどうか聞いたか。あるいは、自分が亡くなったあとのもろもろの始末をしてくれるだろうか、と。たぶんよい返事はなかったのだろう。だから、文末は「私を引取る人がいません」になった……。

かかりつけの病院で末期のがんを宣告され、「死」を身近に意識しつつ故郷を訪ね、そして縁者から自分の置かれた現実を知らされる。

ワタシハ、誰ニモ、引キ取ラレナイ――。

これ以上の絶望の言葉を私は知らない。

まさに、北見さんが想定したケースだった。ひとり暮らしで近親者はいたとしても最後の始末は頼めない。だから、自分でメッセージをしたためて、「依頼」はしていた。だけど、男性はＥＳ事業のことを知らなかった。口座にあった一五万円は手つかずに国庫に入り、彼を火葬・埋葬するために葬祭費は公費から支出されたのである。

たとえ個人の小さな悲しいストーリーに興味はなくても、国の官僚たちはカネのことを考えてほしい。毎日新聞の調査で政令市だけで七三六三柱の無縁仏が判明し、ＮＨＫの報道だと年間「三万人超」の無縁死があると推計されている。それらすべてが二〇万円の葬祭費支出の対象であるとは思わないが、すでに膨大な支出になっているのは間違いない。なんとか知恵を出せないか。

死に甲斐のあるまちづくり

横須賀市は、ＥＳ事業からさらに一歩進めた事業を二〇一八年五月から始めた。「終活情報登録伝達事業」（通称「わたしの終活登録」）である。自分が亡くなったあとのことをあれこれ決めたエンディングノートや遺言書の保管場所など、終活に関する個人情報を預かる事業だが、制限を取り払い、希望すれば市民なら誰でも登録できるのが特徴だ。つまり、ひとり暮らしでなくてもいいのだ。

ＥＳ事業の相談に市役所に来ても、預貯金とか年金の額でハネられる市民が少なくなかった。担当者は気づく。「そうか、おカネに余裕があってもなくても、血縁者がいてもいなくても、いまの人たちは人生のいちばん最後の期間を考えたとき、不安なのだ」

登録項目は一一項目。緊急連絡先、かかりつけ医師や臓器提供の意思。延命措置について決めたリビングウイルや遺言書の保管場所など。さらに、墓の所在地についても、あらかじめ指定した範囲の人に聞かれれば、市役所は答えるという。最後一一番目は〈自由登録〉で、「遺影の保管先」や「葬儀の際に流してほしい曲」などが例示される細やかさであった。また、漏えいを防ぐ観点から、情報は電子化せず書面で保存する。事業費は「パンフレット製作費用」などで七万円という。

もうひとつ、終活情報登録伝達事業の登録カードをながめながら、あれっと思う項目があった。三番目の「支援事業所や所属の終活グループ」である。人が最期を迎える時期に、家族や親族以外に支えられている現状がある。デイサービスを使ったり、あとはいろんなサークル活動もある。市役所は、そこの「仲間」も巻き込もうとしているのだ。役所は情報を預かりはするけれど、実際、その人と触れ合い、交流している地域の仲間たちが大事なのだ。葬儀がもしあれば、行くだろう。墓参りするかもしれない。地域コミュニティが「葬送」を手放しつつある歴史経過は、すでに書いた。だけど、横須賀市の新事業は地域再生の一助になるのかもしれない。

事業内容の発表会見で上地克明市長はこんな趣旨の発言をした。

「終活ノートやお墓を生前に用意されても、どこにあるのかさえ分からなくなる現代です。残された方にとっても、非常に悲しいものだと思います。そうした不幸を少しでも減らし、死後の尊厳を守りたい」

滋賀県近江八幡市の川端五兵衛市長が現職時代、美しい景観を残そうと「死に甲斐のあるまちづくり」を提唱したことは知っている。だけど、現職の市長が「死後の尊厳」について言及するのを初めて聞いた。どこの自治体のトップも「いま生きている住民」への奉仕はよく口にする。だけど、死者には冷たい。死んだ人は一票を持たないからか。だけど、死んだあとも安心できるまちづくりというのは、実は地方自治の基本のような気がする。本当は国の姿勢がそうあるべきだろう。だけど、国かが及び腰なら、せめて、自治体が

「あなたの死んだあとも、まかせてほしい」と言ってくれると、住民はそのまちで安心して暮らせるのではないか。

無縁に縁を感じる

あと二日で暦の上では立春という二〇一八年二月、私は横須賀市の南部にある正覚寺というお寺にいた。関東地方では前日に雪が降り、その日も気温がぐっと下がって寒かった。寺というのはだまって立っていると足元から冷える。厚いコートを着たまま震えている私たちをみかねて、副住職がストーブと床暖房をつけてくれた。

横須賀市のエンディングプラン・サポート（ES）事業の登録者が一月に亡くなって、ここで納骨式があると聞き、参列した。読経が始まったとき、故人の名前を聞き忘れていたことに気づく。顔も知らない。その場にいたのは成年後見人の行政書士の夫婦と市の職員。全員、故人と血縁はない。焼香を、と読経を終えた副住職から促され、仏前で順番に手を合わせた。私の番もすぐに回って来る。何を思えばいいのだろう。名前も存じ上げませんが、これもご縁と思ってください。こころからご冥福をお祈りします……みたいなぁりきたりなことしか思いつかない。目の前の骨つぼを包む布の白さが目に焼きついた。

取材の順序が逆になって、大変申し訳ないと思いつつ、後日、故人の成年後見人だった行政書士、小林浩悦さんに会いに行った。故人の名前は福田武さん（仮名）と知る。昭和八年生まれというから、私の亡父とほぼ同じ年だった。福田さんは市営アパートで一人暮らし。胃の上部に腫瘍があって大手術をし、ベッドに寝ていることが多かった。食事も外出もままならなかったため、福祉職員を通じて申し立てが行われ、小林さんが後見人に選任された。二年前の夏だった。

あんパンを差し入れたり、時代劇が好きだった福田さんに「旗本退屈男」とか「忠臣蔵」のＤＶＤを届けたりした。年間約六〇回というから、週に一回は自宅や入院先に通ったことになる。報酬は数万円というから、仕事ではなく、ボランティアだと、私は思う。

ものを飲み込む力が落ちていて病室では止められていたけど、福田さんが嬉しそうにする顔を見たくて、小林さんはあんパンを差し入れた。すると福田さんは少しずつ、おいしそうに食べてくれた。病院で最後に撮った福田さんの写真を見せてもらう。豊かな白髪で、看護師の女性たちに囲まれ、笑っていた。

小林さんは、息子と娘二人に宛てて、福田さんの様子を知らせる手紙を何度か書いた。

返事はなかった。いよいよ最期が近づいて連絡すると、返事が届いた。

〈よろしくおはからいください〉

それだけ書かれた返事だった。三人の署名、押印があった。手紙というより、それは絶縁状だった。

小林さんはこう振り返る。

「火葬場で、妻と二人で骨上げもしました。わずか一年半のお付き合いでしたが、納骨のときは涙が出ましたね」

親子に何があったかわからない。だから、なしのつぶてだったとしても、たぶん私と同世代であろう、三人の子供たちを責める権利は誰にもない。それは福田さんが選んだ人生であり、子供たちの選択だったのだ。

ただ、私は小林さんの存在がなんともうれしい。後見人になったのを「縁」と感じ、人生の最後のときを歩んでいる人に、「好きなこと」を精一杯させてあげようと、自宅や病院やホスピスまでも頻繁に通ってあげた。職務の範囲をたぶん超えていた。そして死後、火葬場では、夫婦で骨上げまでした。無縁の人に縁を感じた人がいたことが、このうえなくうれしいのだ。

第Ⅶ章

これからの葬儀

答えは出さなくても

日本の葬送はおそろしく変わった。そのことをこれまで縷々《るる》書いてきた。あるときは大雑把に。またあるときは微に入り細をうがって書き込んできた。

葬送激変の転換点は一九九〇年前後の三つの出来事であるということも繰り返してきた。「安穏廟」「もやいの碑」の建立と、「葬送の自由をすすめる会」の散骨実施である。四半世紀以上前、まだ若かった私は、三つの出来事をリアルタイムで取材しながら、ぼんやりとしていて、ことの本質を理解していなかったと思う。

いま振り返れば、すべてあそこから始まっていた。規模が膨らみ華美に走り意味を失いつつあった葬送の世界に、新しい風が吹き込まれていたのである。その風ってなにかといえば、ひとつは従来の因習にとらわれない「自由さ」であり、もうひとつは「個人化」といってもいい。「イエ＝家」が主体だったそれまでと違って、みんな「私の葬儀」「私の墓」というふうに思い始めている。言葉を変えれば、葬送というものに、自分の思いや考えを強く打ち出せるようになったのである。大激変である。

すべての改革や変革がそうであるように、社会が大きく変化するときは「痛み」を伴う。あるいは、長く続いてきたものの持つ良さとか意義とか意味が忘れ去られようとしていると言ってもいいのかもしれない。何も心配する必要はない、古いものは新しい価値観にとって代わられていいのだ、と言う人もいれば、なんだか尻のあたりがむずむずして心細くなる人もいる。私はどちらかといえば、後者だろう。心配性なのかもしれない。

いま、私は新聞社の中で、特定のテーマをみつけて取材をすることが許される編集委員という立場で、「生と死」の境界領域を取材している。人は年齢を重ね、病を得て衰えながら死を迎える。そうしてみんなに送られて焼かれていくという流れを一連のものとしてとらえたいと思っている。いまはそれぞれ別々のひとたち、たとえば医療者とか介護者と宗教者とか葬儀社のスタッフとかが、専門家としてぶつぶつと細切れにかかわっているので、人が幸せになれないと感じるからだ。

そうした流れとして、死の前後の期間を「周死期」と名付けているグループがあって、私も勉強会に足を運んでいる。

葬送の分野でももう一度、「死」というものの意味を考え直さなければならないと思っている。「お亡くなりになられた方のご遺族様の心に寄り添って……」などという葬儀社の営業トーク的なことではなくて、もう少し、「自分ごと」として本質的に考えてみないといけないのではないか。そうしなければ、これからの葬儀やこれからの墓について、すとんと腹に落ちる答えにはたどりつけないと思う。

いま、多くの人が葬送について「なんでそんなにカネがかかるんですか」とか「どうしてそんなメンドーなことしなきゃなんないの」という問いを発しているのである。「そう決まってんだから、黙って従え!」と声を張り上げても相手にされなくなるだけ。一方で、「なんで!」と問いつめられて言葉を失い「そ、そりゃ、まあ、そうですね……」とうつむくしかなくなるのである。

私もまだ、きちんとした理由は言えないし、答えにもたどりついていない。一生無理かもしれないし、答えにたどりつく前にたぶん死んでしまうだろう。ただ、身近な人の葬儀には出たいと思うし、前にも書いたけれど、墓参りしてそこで眠る人と「語り合いたい」と思っている。実家には父が亡くなったときからの小さな仏壇があって、帰省すれば何はさておき線香をあげて手を合わせる。理由はわからないが、そうする人間である。そうすることで安心している。

この本の最後に、たぶん結論はでないのだろうけれど、そのあたりのことをまとめて考えてみたい。キーワードはさしずめ三つ。「死のさびしさ」「死者の尊厳」「迷惑かけない関係」である。

「死のさびしさ」

この数年で、私が出会った言葉でもっとも心に残るのは、つぎの言葉である。なにげないワンフレーズなのだけれど、とても大事な要素が含まれているような気がしてならないのだ。

「死は怖くない。さびしいだけだ」

埼玉医大国際医療センター（埼玉県日高市）で精神腫瘍科の大西秀樹教授と、臨床心理士の石田真弓さんがやっているがん再発患者の集団精神療法のグループトークの中で聞いた。再発患者というのだから、いくつかのがんを持っていて、中には主治医から余命宣告を受けた人もいる。そういうまさに死に直面する患者たちが、互いの話を「聞く力」、自分の思いをまとめて「話す力」、そしてじっくり「考える力」をつけることで、よりよくなろうという試みである。月に一度、「この一カ月の報告」をしたあとで、「大切にしたいこと」「贈る言葉」などの与えられたテーマについてみんなで語り合い、聞き合う。

私もつごう四回、参加させていただいたけれど、うち二回は会の冒頭、黙とうをした。一緒に話し合ってきた仲間が亡くなったのだ。先月まで来て、ここで家族に対する以上に心のうちを話してきた人にもう会えない。死というものの厳粛な実態を感じつつ、話し合いは、毎回きまって出されるお菓子をほおばりながら、静かに続いていくのだった。

検査結果に一喜一憂し、いつもインターネットで情報を求め検索し探し続けたから、スマートフォンに〈こ〉と打つだけで〈抗がん剤〉と出てくる。新しい薬に期待し、その期待の回数だけ「裏切られた」と感じる。その繰り返し。夏休みや正月に、子供や孫たちが自分の家に来てくれるのはとてもうれしい。いつもは犬と二人だけの家がぱあっと明るくにぎやかになる。家じゅうのタンスの引き出しを開けていき、障子に指で穴をあけていく孫の命の溌溂《はつらつ》さよ。そして、来年の孫の誕生日に自分はいるのかしらとふと思う。娘の大学進学を見届けられるのかと心細くなる。きょうはコンビニにひとりで行けた。蛍光灯を自分ひとりで換えられた。体力はだんだん衰えて以前の半分になったのだけれど、時間はあるじゃない、二倍の時間を使えばいいじゃないと知りました。あっ、その考え方いいね。賛成！　……

毎回、そんな話が続く。死がカウントダウンするように迫ってくる中、日常生活の何気ないことに感謝するようになった。そうして、化学療法を二年半以上続けているノリコさん（六三）が、思い出したように前述の言葉を口にしたのだった。本人の言葉ではなく、亡くなった「先輩」患者が言うのを聞いたという。そのときは意味がよく分からなかったけれど、いまやっと理解できてきた。「死は怖くない。さびしいだけだ」というフレーズが自分のこととして、よく分かるのだと語り始めた。

「確かになあ、って思い出しました。抗がん剤もいろいろ試したし、もう死っていうこと自体は怖くないんです。怖くなくなった。だけど、自分が死んだあと、誰も自分のことを思い出してもくれないし、みんなで集まることもない。それって、ものすごく寂しい気がします。耐えられないんです」

死は一〇〇%、すべての人に訪れる。男性にも女性にも。どんなに金持ちでも、借金ばかりしている人にも。幸せな人にも、不運続きの人にも。一件の例外もなく、人の命には終わりがある。死は自然なのだ。というよりも、私たちの生の中に、死は組み込まれている。だから、よくよく考えてみれば、死というものを恐れる必要はないのかもしれない。そのことを、死に直面してきた人が、実感として伝えたのだ。

だけど、同じ人が言うには、死に寂しさはまとわりついてくる。そのさびしさがイヤなのだと。孤独なのか。忘れ去られるということなのか。来年、家族みんなでいく花見に自分がいないという将来の自分の不在感なのか。もしかしたら、日々の生活で、誰も話し相手がいないということなのか。

「誰かと話す頻度」が二週間に一度以下というのが、六五歳以上のひとり暮らしの男性では一六・七%もいたというデータは前に紹介した。電話すらしないという。横須賀市のアパートでひとり死した男性は〈私を引取る人がいません〉と厚紙に書いた。それは自分の死を予感して書いたメッセージだった。絶望を漂わせた言葉だった。

「死のさびしさ」に気づいたノリコさんは、だから家族って大事と、堰《せき》を切ったように語り始めた。

「家族が一緒にいるときの思い出ってとっても大事なんです。夫婦で旅行したとか、みんなで花見をしたとか。そこでどんな話をしたとか。今になって思い出すんです。はっきりと。それが生きていく支えになる。思い出がなかったら、私、生きていけなかったもの。だから、ねっ、がんじゃない人にはぴんと来ないかもしれないけれど、いまのうちにたくさん思い出つくってくださいって言いたいんです。あとから考えたら、本当にその思い出が、かけがえのないことになってくるんだから……」

日常のちょっとしたことが、またできるようになった。そんなことに日々感謝しているがんの再発患者たちが、ふだん気づかない家族のありがたさを思う。その記憶の積み重ねが、最後を生きる支えになったのだと発見したという。

葬送のことを考えながら、がん再発患者の言葉を思い出したのは、生と死が連続しているのだということを、理屈ではなく体感的に私が理解できたからかもしれない。さびしい思いを抱えた人が、葬儀だけは盛大にやろうとしても空しいだけである。それは外からみれば豪華で華やかでも、内実のない儀式になるだろうから。

反対に、たくさんの人を支え、支えられた生を生きた人は、自然発生的に別れのための儀式が催される。ゆかりのあった人たちは、何もせずに終わることができない。生と死の連続と言ったものの、それは単に時間が連続しているという意味ではなく、お互い影響し合うということを示している。

ずっとむかしは、人が死ぬと腐敗が始まりおぞましい形となっていくのが、目に入りやすかった。また伝染病の脅威もあったろう。だが、近代以降、医療の目覚ましい発展によって、「死」は形のうえでは「生」から隔離されて、その恐怖感は排除されたといってもいい。そして、そこに「さびしさ」が残った。怖くないけど、さびしいのだ。

ノリコさんは、集団医療の場で、長年連れ添った飼い犬の話もずっとしていた。心を通わせ合い、いつもそばから離れない犬とは切っても切れない関係性をもってきたから、「私はすぐには死ねない」と。だけど、最後はやはり、家族だった。家族との記憶が自分の最後の生の支えだと訴えた。

一方、家族とどうしても疎遠になった人もいる。人生の綾でそうなってしまったのだから、仕方ない。だけど、その人たちも、つながりがほしい。言葉にはしないかもしれないけど、仲間がいるから安心できる、という人たちはいる。

葬送というつながり

日雇い労働者のまち東京・山谷に、みんなの墓ができたと聞いて訪ねてみた。人気漫画「あしたのジョー」の原点といっていい泪《なみだ》橋（いまは名前だけ残っている）近くの支援団体「山友会」（NPO法人）の事務所で、代表のルボ・ジャンさんに会った。カナダから宣教師として来日し、ドヤ街の人たちの魅力に引き込まれ、約三〇年、炊き出しや無料診療所の運営などの支援活動をしてきた。山友会の仲間が入る墓の設立の経緯を聞くと、ジャンさんは「カワちゃん」の話をし始めた。話しているうちに、だんだん涙声になった。

……カワちゃんとは二〇年の付き合いだった。日雇いやってて、解体の。ちょっと精神障害があったかも。だから利用されやすくって、キツい現場ばかり回ってきた。それでもグチひとつ言わずまじめに働いていた。腰、悪いのに、腰まで泥水につかってやってた。「このビル、オレが建てたんだ」って自慢していた。そうかい、すごいなって言ってやった。時々消息がわかんなくなって、探したら病気だった。ゴメンネって、カワちゃんは言った。仲間なんだから、そんな言葉いらない。病院に入れて、でもすぐ家に帰ったみたい。

それから数日後、電話で「カワちゃん、死んだよ」って告げられて……。まだ五四歳だよ！　単純な奴、世界でいちばん。でも弟のように好きだった。一年後、お墓に会いに行ったんだよ。実家は新潟の名士。お寺の名前だけ教えてもらっていて、だけど、山奥で、雪が深くって、墓の場所がわかんなくって。家に電話、何度もしたけど留守電、かかんなくて。最後まで、墓で会えなかった。帰りの新幹線の中で、思った。「もういいよって。カワちゃん、東京に帰ろう、みんなが待ってるよ」って。そのあと、二度三度、ドヤの人たちが相次いで亡くなって、家族なんか誰も来なくて、火葬場で骨拾ったのは、ボクと職員だけ。そこで決めたんだよ、もういいって。自分たちで墓つくろうって……。

インターネットに詳しいボランティアと一緒にクラウドファンディングで呼びかけ、二五五万円が集まり、事務所近くのお寺に「山友会」の白い文字が刻まれた墓ができた。二〇一五年一月のことだ。

ジャンさんは言った。

「過去なんかどうでもいい。いま、一緒にやっている、つながってることは、永遠に消えないんだ」

家から見限られて、あるいは家というものを見限って、無縁の人たちはいる。その人たちは死後も無縁のままなのか。それではあまりにもさびしいではないか。ジャンさんたちの墓づくりは、生きている間のつながりを、仲間たちとの関係を、最後に入る墓ということで確認する作業なのかもしれない。そこに行けば、そいつに会える。怒りっぽかったあいつ、涙もろかったあいつ、酒浸りだったけれどなぜか嫌いになれなかったあいつが、その石の下に眠っているし、自分もいつか、そこに入る。その安心感がいい。事務所を後にする私に、ジャンさんはこう言った。

「生きて一緒、死んでも一緒なんだよ」

誰かとどこかでつながっていたい。べたーっというのではなくても、ジャンさんのいうような、「一緒」という安心感を持っていたい。そう思うのは私だけなのだろうか。それは他人によりかかっているようでカッコ悪いことなのだろうか。そうは思わない。なんでも言える、思ったことをそのまま口にできる。そういう場所がほしい。このことは、なにもドヤの、ホームレスの人たちの支援、という話ではない。もっと広く、いま生きるすべての人にあてはまるテーマだと感じる。

最近高齢の人たちと話していると、「すっきり静かに消えたい」という人が結構いる。誰の手も借りずにあっさり死にたいと。第Ⅱ章で紹介した鈴木京子先生（仮名）のように。がんであることを知り、自分の死後のすべてを整理して完璧に手配して、そのことを誰も知らせずに亡くなった元女性校長。「私はそっと消えてしまいたい」という文章このままに、生き抜いた人であった。

ただ、私は周辺を調べていくうちに、彼女の末期に親しくしていた「ベレー帽の男性」の存在を知った。自分の過去は一切話さず、凛として生きてきた人が、最後の入院の前日、二人で電車をひと駅だけ乗って喫茶店に入ったという。その最後の「旅」について、頬を染めて病院で語るのを聞いた人がいた。友人にさえも知らせていない病室で、意識が混濁しても、彼が持参したジュースだけはのどを鳴らして飲んだ。私の詮索はそこまでである。近親者かもしれないしボーイフレンドかもしれないけれど、そんなことは関係ない。ただ、先生にも、誰にも言わない「つながり」があったのだと知り、私はうれしくなった。

一人でも、大勢でもいい。家族でもいいし、会社の同僚でも、趣味を通じて知り合った仲間でもいい。それは自分の人生観に照らし決めればいい。だけど、誰かとつながっておきたいと私は思う。

この世の中、ただ何もせずにいれば、ひとり暮らしはどんどん増えていき、コミュニケーション能力を身に着けてこなかった男性高齢者を中心に、家にひきこもる人たちが増えるだろう。それはとても不幸なことだと思う。どうしたらいいのだろう。

私がおもしろいな、と思ってその取り組みについて聞きに行ったのが、冠婚葬祭業大手「サンレー」（北九州市小倉北区）社長の佐久間庸和社長である。「一条真也」のペンネームで死とか葬送についての本も多数ある論客でもある。一九七八年、同社がつくった小倉紫雲閣という施設が、大型葬祭場のはしりとされる。それが瞬く間に広がって、全国に葬祭場ができ、自宅での葬儀から、専門施設での葬儀というスタイルが広がった。

『葬式は、要らない』の著者で宗教学者の島田裕巳さんとの対談本（『葬式に迷う日本人』）の中でこんな話をしていた。

「死んでから初めて行く場所ではなくて、生きているときから思い出のある場所にしようということで、私の経営するセレモニーホールは施設内にカルチャーセンターを開設しています。／生前から馴染みがある場所で亡くなったら、そこから葬儀を出すという、これはいいのではないかと思っています。セレモニーホールも進化すべきで、アップデートして創ったのですが好評です」

斬新な考え方だと思う。葬祭場を、「死んでからの施設」ではなく、「生前から馴染みの施設」にしようとしている。生と死の境をなくそうとしている。それを彼は「アップデート」と呼んでいるのだ。

さらに注目したのは、佐久間さんが隣人同士を集めて本社のある福岡県を中心に自分の施設で「まつり」を開いていることだ。高齢者の家にチラシを配って無料の食事会に呼び、落語やお笑いのイベントに誘い、観月会や地元中学生の楽器の生演奏会もやる。そうした「まつり」を年間六〇〇回以上やっているという。高齢者、とくに男性は、放っておけば「ひきこもって」しまう。誰ともしゃべらずに、日がな一日を過ごしてしまう。そうはさせたくないとの思いがある。

もちろん、葬祭場の将来を見据えた冷徹な経営戦略が根っこにはある。だけど、地域の年寄りがひきこもっていくのを放っておけないという強い思いを感じるのだ。メシを出し、笑いがあり、若い人とふれあうチャンスがあれば、高齢者は家を出て集まってくるのだという信念とかも。

佐久間社長は私にこう話した。

「冠婚葬祭は人が集まって、見えない『縁』を可視化する場です。地域のつながりが大事なんです」

私はお寺にもこういう感覚を持ってほしいと強く思う。ふだんは「立ち入り禁止」という看板を掲げて受け入れないのに、葬式のときだけ、やおらゆっくり、取り澄まして出てくる……一般的な坊さんの印象はそうではないか。なぜ、ふだんから、寺の、非日常のゆったりとした神聖な場を、近くに住む人たちに開放しないのか。ふだんから行き慣れていて、坊さんと話をしながら茶を飲みおかしを食べたり、世間話をしたり、ときに死を学び、ときに笑いのイベントがあって大笑いする。そんな場所であれば、そんな坊さんであれば、みんな喜んで、死に際して、別れの儀式をしてもらいたいと思うのではないか。

人はさびしいのだ。誰かとつながっていたいのだ。そういう場を、いまを生きる人は求めているのだと私は思う。

死者の尊厳

滋賀県近江八幡市の川端五兵衛・元市長が「死に甲斐のあるまちづくり」を提唱したことについては、前に書いたとおりである。いまそこに住んでいる住民に対しては最大限のサービスを約束し、「長寿」とか「生き甲斐」を選挙の公約に掲げる自治体のトップが、亡くなった人に対して気を遣うことはあまり考えられなかった。

それはもちろん逆説的な意味なのだが、「そこで死ねたら」と住民が思えるまちはいいまちだと思う。考えればすぐわかる。首長が口にできるか、そこまで信念を持ったまちづくりかという姿勢の話であろう。その意味で、二〇一八年四月、新しい終活情報登録伝達の事業を始める会見で、「死んだあとの尊厳」について触れた横須賀市の上地克明市長の姿勢は先進的だといえる。

戦後、私たちは死というものを忌避してきた。葬送ジャーナリストの碑文谷創さんの著書名を借りれば「死に方を忘れた日本人」は、多くがひとり暮らしをしながら、いま死というものを少しずつ、身近なものに感じ始めているのだろうか。その雰囲気が、行政のトップの言葉に影響しているということなのだろうか。

しかし、それでもまだ、私たち日本人が感じ始めているのは、「自分が死ぬまで」の話であり、死んでしまったあとのことはあまり気にしていない感じがする。あるいは、すでに亡くなった人を大切にしているかといえば、そうとはいえない。相変わらず、「死後の尊厳」や「死者の尊厳」はないがしろにされているのが現状だろう。

日本は死者に冷たい、ということを徹底的に教えてくれたのが、火葬場建築の第一人者で建築家の八木澤壮一・東京電機大名誉教授である。誤解を招きやすいので正確にいえば、「死者に冷たい」のは、日本人が、ではなく、お上（国）が、であり、日本の法律である。先生はこんなふうに指摘した。

「まずもって明治政府が悪い。維新後、火葬場を『やむを得ない遺体処理施設』として位置付けた。衛生面から処理すればいいと。これで国民は火葬場とか死とかいうものに、悪い印象を持つようになったんだよ。戦後もこの考えが引き継がれ、墓地埋葬法は取り締まりと規制の法律なのだ。第一条にちょこっとだけ、『国民の宗教的感情に適合し』なんて書いてあるけどね。本来、火葬場っていうのは『最後のお別れの場所』なんだから、文化庁とか総務省が所管すべきなのにね」

繰り返しになるが、火葬率九九・九%の日本であっても、法律には「遺骨は埋葬しなければならない」とは書いてない。墓地埋葬法には「埋葬するなら納骨堂に」という場所の指定などがあるだけ。まさに規制するための法律なのだ。

先生も一緒に二〇一六年九月、日本葬送文化学会の中国視察に同行したが、「空前の葬送ブーム」にわく大陸国では、葬送を学ぶ国営の教育機関もたくさんできていて、そこでは「葬送文化」が基本方針となっていた。葬送ブーム、つまり葬儀とかお墓にまつわるビジネスが過剰になる前に、「文化」としてとらえ直さなければという姿勢が強くみてとれた。これが国としての方針のように感じられた。先生は「うーん、すごい。うらやましい」と何度もうなっていた。「死」というものの、文化的な意味についてきちんとカリキュラムを組んで教えている大学が、日本にはどのくらいあるのだろう。たとえば医学部はどうだろう。看護学部はどうだろう。ある緩和医療、みとりを専門にみている七〇代のベテラン医師は私が、医師こそ死について学ぶべきではないか、という問いにこう答えた。

「そう、あなたの言うとおり。いまの医者は死を知らない。患者が亡くなったら自分の守備範囲外だと考えている医者が多い。死を学ぶための大学のカリキュラムも必須ではないようだし、かりにあっても短時間だ。だけどね、いまの若い医学生は忙しいんだよ。最先端の知見を幅広く学ぶ時間に追われて、死を知る時間がないんだよ」

そうか、だから、ふつうの医者と死について話すとぽかーんとした感じになるのか。あるいは、あんまり聞いてくれずよそよそしさを感じる。そんなことでこの高齢社会の日本の医療は大丈夫なのだろうか。先端医療の知見よりも、パソコンに入っているデータよりも、年を取った患者の死に対する不安を聞いてやるほうがいいと思うのだが。もちろん、死を学ばなくては、と真面目に憂い考えている医師もたくさん知ってはいるが。

仏教系の大学にも何度か通ったが、若い僧侶たちはその宗派の教義を修得することには熱心でも、市井の人が抱く死の感覚とか、不安とかにはぽかーんであった。そう感じた。偏見かもしれないが、彼らにはたぶん自分の家の寺を継ぐというエリート意識があるのかもしれない。みている方向がずいぶん私とは違っていた気がした。

ふつうの人が、死についてよく知っているだろうと信じている医療者とか僧侶などという人たちが、実は、あまり深くは知らない、というより、関心が低いように、ここ数年取材をしていて感じている。そもそも私たちの国には埋葬の義務もないし、国は死者に冷たいのだから仕方ないか。八木澤先生によれば、火葬場とか墓地には一切補助金が出ないというし。

火葬場建築の第一人者である八木澤先生の葬送文化とのかかわり、ルーツは、故郷である新潟県巻町（現・新潟市）での少年時代にある。一九四五年、終戦の年の正月に、可愛がってくれた祖母が急死した。軍需工場に徴用されていた父親の代わりに、七歳の八木澤少年が喪主となり、位牌を胸にして根雪の道を葬列の先頭に立って歩いた。その日、まちのはずれの葬礼場（火葬場）の裏に回って、火をつける大役を果たす。大好きな祖母を直接、送ったのだった。

その火葬場がのちに火事で焼失した。ふるさと出身の建築家の卵だった先生に、町長自ら電話してきて再建のため設計を依頼される。暗中模索だったが、ふるさとのため、必死だった。「その施設はなぜそこに建っているのかを考える。それが建築設計というもの」。

先生の基本姿勢だ。雪国にあった江戸時代から続く火葬（野焼き）の雰囲気を取り入れつつ、新施設は一九六八年に竣工した。これが作品第一号。次々と自治体からの依頼が来て、夢中で設計した。山形県酒田市の斎場もそう。黒松の防風林が美しい。この景観を尊重してつくった。のちに映画「おくりびと」の中の印象的な火葬シーンにも使われた。九二年に学会最高の賞「建築学会賞」を火葬場研究で受賞した。先生は現場に何度も足を運び、歩き回り、その土地いちばんの景観を見つけ出し取り入れ、そこに住む人たちの声をじっくり聞きながらつくる。

「臭い、害がある、死は怖い、って、いつの間にか刷り込まれてる。だけど、誰もが一度はお世話になる施設なんだから、本当はみんなに愛される施設。最後にそこで安心してお別れしたいって言われる場所にしたいんですよ」

戦後復興期も高度成長期もバブル期も、死を考えるには、まばゆすぎる時代だった。死は臭くて暗くて怖いものだと刷り込まれていた。右肩上がりで成長してそれがいつまでも続くと信じていて、命のおしまい、について考える余裕がなかった。見えないフリをしていたのかもしれない。給料が倍々になっていく時代はもうないのだ。自分の身の回りのことについて、自分で、きちんと見定めるしかない。そうすれば、自分が死ぬことも、死んだあと、できれば大切にしてほしいという気持ちも、自然に理解できると思う。

墓は終の棲家ではない

因習に縛られたような形に感じていた墓の問題に、自然保護の意識もあって、散骨などの新しい墓の形ができたことは素晴らしいことだと思う。みんなが自分の墓について、考え始めた結果といっていいだろう。一方、忘れてはならないのは、死後の尊厳という問題である。埋葬しなければならないという規定が国にない以上、無秩序になる恐れはある。いまはやりの「改葬」がらみで、そのことが顕著になりつつある。

地方にある墓を「墓じまい」して、お骨を自分の家の近くの墓地や霊園に「引っ越し」すること、これが改葬であった。ところが、最近は、改葬先がないまま散骨するという事例が出てきている。本来ならば引っ越し先の寺や霊園などの「埋葬（受け入れ）証明書」を持って、いま墓のある自治体に「改葬許可申請書」を提出する必要がある。

ところが、自治体によっては安易に許可する場合もあるという。これでは、処分のためとしか思えない散骨を前提とした「墓じまい」を防止できない。地方の墓にあった複数の「先祖」の遺骨が粉骨され、海山にまかれることになる。実際、そうされているケースもあるという。だとしたら、その会社が倒産した場合、誰の遺骨がいつ、どこにまかれたという記録はなくなる。いや、そもそも、いま散骨全体にそうした公的な記録がないのだ。民間の散骨請け負い会社がまじめにガイドラインをつくって証明書を発行していることは評価すべきであろう。だけど、それでもやはり「民間」の話なのだ。公的な記録ではない。

自分の遺骨をまいてほしいと思うのはいい。自然な感情だ。だけど、すでに埋葬されふるさとの土地に眠っていた遺骨をその子孫たちがぱらぱらとまいていいのかどうか。これはまさに、「死者（死後）の尊厳」の問題なのである。もっといえば、自分がどこかの墓に決めてそこで安眠すると決めても、将来、子孫たちは散骨するかもしれない。それを受け入れるということなのだ。

「いまの時代、墓はもはや、終の棲家ではない」

葬送研究の泰斗である茨城キリスト教大学名誉教授の森謙二先生が悲しくもそう指摘するのであった。

ここは大事な話なのである。日本人全体が墓とはそういうものなのだと考えはじめている。墓は時代を超えてあるべきだという考え方は古臭く、あとに迷惑がかからぬように遺骨をただ処理すればいいと考える人が増えている。それが時代の流れなのだと、みんなでそう決めたのなら、それでいい。だけど、いまは何の議論もないまま、なりゆきでそういう事態になっている。それが、私にはかなしい。

この本の監修者でもある長江曜子先生はこう嘆いている。

「本来ならば、誰がどこに埋葬されているのかは、きちんと公的な記録がなくてはなりません。法的な建前はそうなっています。それがいま、誰がどのくらい、たとえば東京湾にまいたのか、全体像はどこの役所も把握できていないのが現状です。それにそもそも、改葬された先祖の方たちは、その地方のお寺にいたかったのではないのか。海にまかれてもよいと思っていらっしゃったのか。そろそろ日本も、死者の尊厳ということについて真剣に考える必要があると思います」

法律が想定しないことがいま起きている。ならば法律を変えて時代に対応しなければならない。切にそう思う。いま起きていることと、その背景にあるみんなの思い。そういうものを出し合って、議論していかなければならない。

「迷惑かけない」の真意

昭和一二年生まれの私の母は九州でひとり暮らしをしている。大手術をして障がい者手帳を持っているが、いまだに自分で車を運転し、高齢者施設にボランティアに出かけている。ありがたいことだ。最近は、自分より年下の入所者もいるようになってきたらしい。「もう、八〇よ、どがんすんね～」と会うたびに言う。どうするのか、という問いかけは、九州弁のニュアンスで誰に対して言っているわけでなく、傘寿を迎えたことに対する誇り半分、これから先の不安半分といったところか。そのくせ、「一〇〇歳まで生きるけんね」と繰り返す。遠く離れて暮らす息子は「一〇〇歳でん、一二〇歳でん良かたい」と笑って返すしかない。

長寿、長命が無条件に喜ばれたのはいつまでなのだろう。いつの時代からか、長く生きるということに一抹の不安が入り込むようになった。

もちろん、いまでも、一般論としては大変喜ばしいことである。たいへんおめでたい。だけど、個別の話になると、高齢者本人も、その子供たちも、若干の不安が入ってくる。人は生まれてしばらくの時期と同様に、死ぬ手前の時期も、誰かの支えがないと生活できない。いまの時代、高齢の親とその子が離れて暮らすのは珍しいことではない。子が海外にいるケースだって昔よりは多い。年を取って、体の機能が落ちたときに、親は子供以外に、どこで誰の助けをもらうのか、準備をしなければならない。そうしたことを考え始めると、やはり無条件には喜べない。

昔、年寄りは尊敬されていた。隠居と呼ばれた。落語によく出てくる、少々口うるさいけれどタダで酒をふるまってくれるような存在。年寄りはいろんなことを知っていて、一目置かれていた。落語では、隠居のその物知りぶりを茶化して、笑いに変えているけれど。それでも愛されていた。

おばあさんなら料理を知っていた。材料も手順も、なんでも。その知恵を頼りに、子は家庭料理を学んだ。いまはスマホの、なんとかパッドとかで調べれば、懇切丁寧に教えてくれる。写真とか動画つきで。わざわざ聞かなくてもいい。おじいさんも世知にたけていた。人脈も仕事の経験値もあった。そのことは誰それに聞けばいいとアドバイスしてくれていた。いまは、ネットで見ず知らずの人のアドバイスを受けられる。情報において、高齢者は尊敬されなくなった。あとは、カネだろうか。なんでも買ってくれ、遠くに住んでいても交通費を出してくれる親のところには子は集まりやすい。子も孫も日々の生活に追われている。無条件には支えられない。

だから、いま年を取るにつれて、人は自分の最後について、自分で考えなければならなくなった。

ブームのいま、終活の理由を問われれば、多くの人が「周りに迷惑をかけたくないから」と言っている。楽天リサーチが実施した二〇一八年一月の「終活に関する調査」でも、終活をする理由は「家族に迷惑をかけたくないから」が七一・四％で最も高かった。あとは「病気やけが、介護生活で寝たきりになった場合に備えるため」（四八・六％）、「葬儀などの希望を家族に伝えるため」（三八・九％）だった。

「迷惑をかけたくない」は裏を返せば、「面倒をかけられたくない」ということなのだろう。葬送というのは、端的に言って面倒なことである。たとえば葬儀。喪主になれば、場所を決めて式の形式や会食接待のランクなども決め、ゆかりある人たちに連絡を取らなければならない。遺影はどうする、宗派はなんだっけ、あの遠くの親戚も呼ぶの……。むかしは地域でやってくれて身をゆだねていればよかった。それが時代を経て会社の総務課の仕事になって、でもいまではすべて自分でやらねばならない。

となると、切羽詰まって時間的にも無理、いきおい業者頼みとなるけれど、カネはかかる。面倒満載なのである。そういうことを親の葬儀で経験した世代がいま、高齢者になって、「面倒の経験 → 迷惑の回避」ということを表明しているのであろう。

そのことを地域コミュニティや家族というものの崩壊として嘆いてみても、あるいはいまの人はカネのことしか考えないと批判しても始まらない。私はそう思う。だいいち、戦後、私たちは地域コミュニティの窮屈さに嫌気がさしてそこから飛び出たし、結婚したくてもできない状況にあるから単身化が進んでいるにすぎない。

カネだって、手元にあるときはばんばん葬儀や墓につぎ込んだではないか。いまカネがなくなったから、カネのない葬儀を選び、葬儀しなくてもいいという人が現れて直葬し、墓もいらない散骨したらいいという人まで増えているというだけである。「昔は良かった」式の話には、だれも耳を傾けないだろう。昔は選択肢がなかった、ただそれだけなのだ。

一方で、このままでいいとも思えない。正解はわからない。いや、そもそも正解はないのかもしれない。ひとりの人がいのちをしまう「死」という出来事に際して、どう向き合うかは、その人しだいだから。好きなようにしまえばいい。ただ、葬送というのはその人だけの話じゃない。その人と出会った人の問題でもある。その関係性のしまい方も大事なのである。

ホンネの話をしよう

散骨して自分はおしまい、と決めた人の遺族が、それでもなお、手元に分骨して持っておきたいと思う人がいるのはなぜなのか。

全国唯一の散骨の島、隠岐・カズラ島であえて対岸に慰霊所がつくられたのには理由があった。そこには散骨された人の名前が掲示されている。島には簡単には渡れなくても、遺族は名前札を確認し目の前に島をみて手を合わせた。弔いたいからなのだろう。その人を記憶し、ときに思い出して安心するのだろう。

そう考えていくと、私たちは死に向き合うときにものすごく不安を感じるから、葬儀をしてきたし、そのあとも、その人の不在を確認し記憶を呼び戻すために墓をつくってきたといえる。むかしはシキタリに基づいてみんなでやってきた。わいわいがやがやと地域の人たちと、それから会社の人たちと。いまそれがかなわなくなって、多くの人たちが「自分の葬儀」「自分の墓」を葬送ブームにのって決めているのだけれど、残された人の気持ちを忘れてはいないだろうか。

私は記者としては、社会部にいる期間が長かったので、ここ四半世紀のいろんな大事件を取材してきた。人々の記憶に残る事件を取材しながら感じたことは、現代社会における「外見を取りつくろうことの弊害」というテーマである。

昭和から平成へという時代の変わり目に起きた連続幼女誘拐殺人事件も、カルト組織オウム真理教が引き起こした凶悪事件もしかりだ。四人の幼女を無残に殺害した宮崎勤というモンスターの家は東京郊外の名家だった。

その父は息子が子供時代からずっと思い悩んでいた手の障害のことを忘れていた。警察から指摘されて初めて思い出したという。外面ばかりを気にする父親だった。祖父も含め六人家族の宮崎家には、テーブルに椅子が四脚しかなかった。家族と断絶した宮崎勤は、自分の部屋を五七九三本のビデオテープで埋め尽くし、社会を遮断した。

オウム真理教の幹部たちの高学歴なことは有名だが、実家も「いい家」が多かった。優しい父母の下に生まれたエリートたちはなぜ、多くの人のいのちを奪う毒ガステロを軽々と実行できたのか。信者の多くは「家の中は息苦しかった」と話した。事件とは関係ないが、私は取材で一切外出ができない「ひきこもり」と呼ばれる人たちにも多く会ったが、親は教師とか公務員などのカタい職業が比較的たくさんいた。家の外に出られない若者は「ソトとウチの『段差』が怖かった」と話した。

なぜ、こんな話を持ち出したかといえば、外見を気にしてホンネの話をしないと、家族の関係は息苦しいものになると知ったからだ。むりに覆い隠そうとすると必ず破綻する。外見は破綻しなくても、内面はズタズタになる。

ひきこもりの若者とその家族の相談をたくさん受けていた教育心理カウンセラーの富田富士也さんは家族を励ますときに、よくこう言った。

「家族ってさ、せめぎ合って、折り合って、お互いさま、なんですよ！」

摩擦を恐れて、ホンネを隠して外面だけを維持しようとしてはならない。そんなたくらみは結局失敗すると。最初はぶつかり合ってせめぎ合うのだけど、そのうちに折り合いがつくし、そうしてお互い様という雰囲気になっていく。

葬送をめぐって、大半の人たちが「迷惑をかけたくない」というのも、そうした軋轢回避の心理がないだろうか。かつて親の葬儀ではイヤなこと、面倒なことをさせられた。自分はしたくない。だから、迷惑がかかる前からつながりを避けようとする。家族に対してもそうなのだから、友人関係で面倒なトラブルなんてありえない！　ということになる。

でもどうだろう。面倒くさいことは確かにされるとイヤだけれど、「お互いさま」と思える関係づくりが大事じゃないかと考える。これまで事件取材を通じて、家族関係というテーマについて考えることの多かった私は、「家族はあるもの」というより、「家族はつくるもの」という思いがしている。与えられていると思い込んでいる役割を演じていても必ず破綻する。それより、自分の思っていることを伝え、イヤなことははっきり言う、すぐに言う。ウチとソトを使い分けない。夫婦関係もそう。友達をつくりたいなら、ここは原則である。富田さんがいうように、せめぎ合っても、いつかは折り合えるのだ。お互い聞く耳をもっていれば。

少々脱線したが、第Ⅱ章で紹介した、壇蜜さんの言葉をもう一度、ここで書き出したい。

「でも、いろんなことは面倒くさいもの。出会いも別れも面倒くさい。だから、長生きして『面倒くさい』をいっぱい体験して、結果、年を取って、面倒くさいが解決したらそれはそれでうれしい。そんなことを繰り返していけば、もう少し、弔いとか祈りの気持ちに時間をかける心が生まれてくるような気がしているんです」

味わい深い言葉である。文字だと伝わりにくいかもしれないが、壇蜜さんは、あののんびりしたやわらかな声で「面倒くさいをいっぱい体験して……」と言った。

そう、人の一生ってもしかしたら、家族内でも会社でも友達関係でも、面倒やせめぎ合いの連続なんだろうと思う。そういう意味では、高齢者というのは面倒の、せめぎ合いの経験者だといえないか。スマホでネットを検索しても、取り出せない情報をたくさん持っているかもしれない。

古代ローマの政治家、哲学者のキケロの「老年論」という本を読んで、これから老年に向かう私は、とても勇気づけられた。訳本はいろいろあるが、私は解説書的な『老年の豊かさについて』（法蔵館）を読んだ。

偉大な哲学者キケロさんは二人の若者に語る形で、「老年が惨めにみえる四つの理由」について明快に反論していく。

（一）老人はすることがない
（二）体力がない
（三）何の楽しみもない
（四）老人は死に直面している

だから、老人は役に立たないんだって？　そんなことはない！　と。たとえば劇場の最前列（若者のこと）にいれば役者を間近で見られていいだろうが、最後列（老人たちのこと）でも楽しみ方はあるもんさ、などと。老人には全体を見渡せる経験知がある。

こんな言葉もある。


〈そして、人生の各々《おのおの》の時期には、それにふさわしいものが備わっているんだよ。だから少年期の虚弱さ、青年期の元気よさ、壮年期の重々しさ、老年期のまろやかさには、なにか自然なものがある。それをそれぞれの時代に享受すべきなのだ〉

そうか、老年期は、さまざまな面倒やせめぎ合いを経験して、「まろやかさ」を獲得すべきなのだ。いい言葉だ。それにしても二〇〇〇年以上前の本なのに、内容は決して古くない。人間は今も昔も、同じように死を前にして悩む。それも、受け入れよ、とキケロさんは諭している。

〈人はやはり、いつまでも生きようとはせずに、それぞれ適当なときに消え去ることが望ましいのだ。自然は他のすべてのことに限界をおくのと同じように、生きることにも限界をおくからだ〉

日本はこれから人口が減ってくる。間違いなく減り、しかも、高齢者はさらに高齢化する。老年期にある人は支えなければならないが、それを迷惑だと思ってしまっては、社会はぎすぎすしていくだけだ。だけど、まずは高齢者自身が自分の人生に責任を持たなければば。いのちの閉じ方、終い方をきちんと考えておく。もうシキタリなんてないのだから。誰からも指図されない代わりに、自分で決めなくてはならない。

そして、いちばん大事なことは、「ひとり」を前提にした社会を目指すということだと思う。家族が大事だと思えば、常々その努力を。ひとりで生きていくと決めた人はその準備を。ひとりであっても、それがそのまま不幸につながってはならないと信じている。

◇主な参考文献

『葬儀概論』（表現文化社）碑文谷創著
『死に方を忘れた日本人』（大東出版社）碑文谷創著
『墓と葬送のゆくえ』（吉川弘文館）森謙二著
『〈ひとり死〉時代のお葬式とお墓』（岩波新書）小谷みどり著
『弔ふ建築　終の空間としての火葬場』（鹿島出版会）日本建築学会編
『現代日本の死と葬儀　葬祭業の展開と死生観の変容』（東京大学出版会）山田慎也著

あとがき

「身じまい」をタイトル名に使ったコラムを三年ほど前から、毎日新聞の紙面で書いている。最初は「身じまいのおと」。どんな音なんですかね？　読者から真顔が聞かれたけれど、「ノート」の意味だった。掲載場所が変わって、次が「身じまい練習帳」。そしていまは、東京都内版などの一部地方面に、終活にまつわるあれやこれやを「身じまい自習室」というタイトル名で書き続けている。

ほかに思いつかないから使ってはいるが、「終活」という言葉は実はあまり好きではない。「活」というのに「ノウハウ」的な響きがあるから。何もお得な情報を届けているのではなく、いろいろ流行っているけど、こんなことも考えてみたいものですねと、問いかけているのだ。それに「身＝自分」を「しまう」っていう語感が気に入っている。ぽいぽい勝手に投げ散らかすのではなく、それなりに考えて、きちんと畳んでしまい込む、そんなイメージ。しまうためには美学がいると思う。自分なりの。

いずれにしても、すべて自分で考えてくださいよね、というメッセージを送っているつもりである。本文中で繰り返してきたけれど、いまの時代、これしかダメという型はないし、こうしろと言われることもない。誰も指図してくれないので、ほとほと困るのである。自由だからかえって、私たちは戸惑っている。

こんな本、「墓は要らない、葬儀もしない」と決めている人は手に取らないだろう。そういう方はどうぞ、そのスタイルで幸せになってください。ただ、「要らない／しない」と思ってるけど、まだ迷っている方は一読したあとで、最終決断をしてください。それなりの考える材料はあったと思います。あとは……大多数のまだ何も考えていないみなさん。さあ私と一緒に、大いに悩もうじゃありませんか！

長江曜子先生には監修していただいたうえに、第V章を書いてもいただいた。それから、無知な私を助けていただいた葬送界の大先達、八木澤壮一、碑文谷創、森謙二の各先生にもとても感謝しております。みなさん、どうもありがとうございました。

毎日新聞社会部編集委員　滝野　隆浩

著者・監修者紹介

瀧野　隆浩（たきの・たかひろ）

1960年、長崎県佐世保市生まれ。毎日新聞社会部編集委員。

防衛大学校卒業後、毎日新聞社に入社、社会部記者として宮崎勤事件等を担当。「サンデー毎日」編集次長、本紙夕刊編集次長、前橋支局長などを経て現職。

防衛大出身記者として自衛隊および自衛隊員を様々な角度から取材するほか、現代社会における家族の病理や高齢者問題を扱う。近年は「身じまい」のタイトルで毎日新聞のコラムを担当。「生と死の境界領域」の取材を続けている。

著書に『宮崎勤精神鑑定書』『自衛隊指揮官』（ともに講談社）、『自衛隊のリアル』（河出書房新社）など多数。


（監修・協力）

長江　曜子（ながえ・ようこ）

1953年茨城県生まれ。聖徳大学児童学科教授（学術博士）、SOA校長（株）加藤組・石匠あづま家代表取締役社長。日本葬送文化学会前会長。

明治大学大学院文学研究科日本文学専攻コース博士課程および共立女子大学大学院家政学研究科博士課程修了。家業の石材店を経営するかたわら、世界45カ国を回りお墓の比較研究を行う。アメリカのお墓大学を卒業し、日本初のお墓プランナー兼葬送アドバイザーとして活躍。日本における墓地と葬送研究の第一人者として、日本葬送文化学会会長を長く務めた。

著書に『欧米メモリアル事情』（石文社）、『21世紀のお墓はこう変わる』（朝日ソノラマ）、『Q＆A21世紀のお墓と葬儀』（明石書店）『臨終デザイン』（明治書院）など多数。

これからの「葬儀《そうぎ》」の話《はなし》をしよう

印　刷　2018年8月15日
発　行　2018年8月30日

著　者　瀧野《たきの》隆浩《たかひろ》
監修・協力　長江《ながえ》曜子《ようこ》

発行人　黒川昭良
発行所　毎日新聞出版
〒102-0074　東京都千代田区九段南1-6-17
千代田会館5階
営業本部：03(6265)6941
図書第二編集部：03(6265)6746

印　刷　精文堂
製　本　大口製本

ISBN978-4-620-32537-8